明公啟示錄

帝王管理學與孝道文化

范明公孝經開講1

范明公——著

目錄

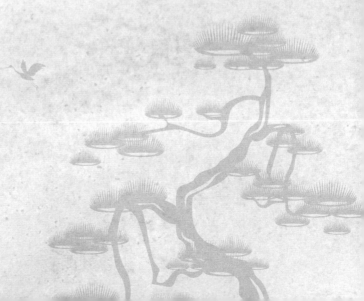

第一章

儒是文明主流　孝乃儒學之基
齊家治國安天下

第一節

中華文明智慧整體
萬經之首實為《孝經》

　　本書為大家講解儒家文化中一部重要的經典——《孝經》。談及《孝經》，很多讀者都不太熟悉，甚至從未接觸過。為什麼我們經典解讀的開始階段，就要從《孝經》講起呢？儒學六藝是儒學精英教化體系中非常重要的核心，禮、樂、射、御、書、數，我們尚未完全講完，為何就直接進入了《孝經》的解讀呢？

　　首先要為大家講清楚，我所講授的中華文明文化體系，不一定是按照邏輯系統進行的，有很多內容都沒有邏輯，甚至是反邏輯，即並不與當下所流行的邏輯相符。然而，看似如漫談，但其實亦有大邏輯在其中。

　　正如在這個階段，儒學六藝已講解一半，大家對中華文明智慧和儒家文化應該有點感覺，其實已經講到比較深的層次了。而六藝中御、書、數的部分太深奧，一方面現

階段大多數人還理解不了，另一方面也會有非常顛覆的感覺。所謂顛覆，是指在初級或者尚未入門時，學習的只是普及性的知識，還未涉及智慧，非常淺顯，而有些內容必須得入門以後，才能教授，那時才能理解。即所謂因材分類施教，對什麼樣的人群，講什麼樣的課程。簡單舉例，就像對幼稚園的孩子，講授最簡單的文字、最簡單的數字，從最簡單的知識點開始教起，如果直接教方程、三角函數、微積分，則是揠苗助長，根本聽不懂，也理解不了，就沒有興趣了。

我們在此所說的深入、顛覆的內容指的是，由於理解不了，所以接受不了，才會害怕不敢聽的深層智慧。儒學六藝的禮樂射之後，涉及御書數三藝就沒有淺東西了，都是在前面基礎上的延伸和深入，涉及玄學，玄即深、幽，玄學即是幽明處、深處的學問。必須得與玄學配合著講，淺顯的講既沒有意義，也無從可講。

然而，在此講授的國學中華文化，我雖口說最淺顯，但是對現在大眾，甚至很多同樣講授國學的老師來講，其

實並不淺，完全可以比較著看。之所以這麼說，是因為雖然這些在我們法門中相對淺顯、基礎，但是在所謂國學傳統文化的培訓市場上卻很難聽到，只要有一句話能使你真正從中獲益，都是終身受益，甚至可以改變一生。其實，得道之人本無所謂淺深，我所謂的淺或深都是針對於讀者、聽眾，亦即是對有緣人講時分出了淺和深，對得道之人本身來講，說出的每一句話都是立體的，呈現的都是整體性，所謂深淺之分只是在於受眾能聽懂或看到不同層面而已。

隨著我的中華文明文化、國學大智慧系列書籍不斷面世，涉及的內容不可避免的會越來越深，此非我個人所能控制，而是因為中華文明文化的這套國學體系，本身就是如此，中華老祖宗這套大智慧，就是這個特點、特性。中華聖人經典中的每一句話呈現的都是整體，即有道有術，道在術中，術亦在道中。老師點一點，概括的講感覺看不明白，其實即使詳細講解，也不明白。因為智慧必須得用，在用中反反覆覆的通理，明理之後回頭再去用，然後在理上再去明，反覆去用、去明，即知行合一。知行合一是一個循環往復的過程，是一個長期的過程。

然而，儒學為何從《孝經》學起？幾乎從未聽說如此學法。一般不是從《論語》起學，就是從《易經》起學。《易經》既是儒學五經之一，又是儒釋道所有經典的萬經之首。《論語》則是孔子的言行錄，起始階段《易經》很難學明白，所以基本都從《論語》開始一句一句的學習。並未聽說過有從《孝經》開始學儒的，更有甚者根本不知道還有《孝經》這部經典。

　　在此告訴各位，這正是現在中國人最可悲之處，真正聽說過《孝經》的沒有幾個人，而《孝經》到底講的是什麼，更無人知曉了。是不是《孝經》不重要，沒有《論語》重要，也沒有《易經》重要？後面我會慢慢為大家闡明。

　　儒學經典中，最著名的是「儒學十三經」。而在漢唐時期推崇的是「五經」，即《詩經》、《尚書》、《禮記》、《易經》、《春秋》，並納入到了漢唐儒學精英教育的教材之中。其實五經原本是六經，即詩、書、禮、樂、易、春秋，其中《樂經》已經失傳。到了宋末以後，科舉考試發生了很大的改變，宋末開始崇尚四書，即《大學》、《中

庸》、《論語》、《孟子》。漢唐時期是沒有四書的，只是以五經為主流的儒學教材。所以我們言稱，漢唐推五經，宋末崇四書。

講到何為四書五經，總覺得肯定不用再普及了，以為中國人應該沒有不知道的，我們應該從小就耳濡目染四書五經。但是，事實發現並非如此，其實沒有幾個人真正知道，無論大學本科、碩士、博士，很少有人能直接說出四書五經是什麼。這就與我們這個時代有密切的關係，我們的傳統文化早已沒落，轉折點在宋末元初時期，而真正沒落到極點，距離現在也已經至少一百年的時間了。所以，我們現在這一代，甚至上一代的父輩、再上一代的祖父輩，也都沒有幾個人知道四書五經。

其實，1912年蔡元培出任南京臨時政府教育部長以來，社會就開始不讀經了。從那以後，亦即是五四運動以後，所謂打倒封建殘餘，傳統文化都被徹底打倒，甚至漢語言文字都差一點被取消。中華古代經典更是被打倒的對象，至此已經三四輩人基本不知道四書五經了，長此以往，

我們的兒孫後輩更不必說四書五經，甚至連孔子也都不知道了。

四書，是從經典中挑出兩部，一部《論語》是孔子的學生所作一部《孟子》是孟子的學生所作；然後又從《禮記》中選出了《大學》和《中庸》兩篇文章，而這兩篇文章也都不是孔子寫的，其中《大學》是孔子的弟子曾子寫的，而《中庸》是孔子的孫子，子思所作。《大學》、《中庸》兩篇文章是對儒學整套體系的概括和總論，非常之有高度。而我們現在所要講解的《孝經》，首先就會講到曾子此人，是孔子的得意門生，也是歷史上的儒學五聖之一的宗聖。宋末精選出這四部著作之後，四書才流行開來。從此以後，元、明、清均以《四書章句集注》為範本，而科舉也是以四書為主，弱化了五經。

我們並不是專門講授儒學的，而是在講國學大智慧，之所以引申至儒學，即是從中華文明的緣起，講到脈絡，進而引入到大漢時期如何培養人才，那一整套精英教化體系、教養之道。而我們之所以講國學，就是為了學以致用。

一定要有用我們才去學，要有效我們才去學。如果與現實生活沒有關係，僅是之乎者也，為何要學？即是說，與我的身體沒有關係的，我們不去學；與我持家沒有關係的，我們不去學；與我治國，或者治理公司沒有關係的，我們不去學。亦即是，與我自身，以及我在現實中每天要做的事沒有關係的，我為何要學？

在此我所講授的，並不是為了培養國學老師，而是要透過經典告訴大家，如何面對和解決現實中的一切問題，如何解決現實中的一切煩惱和障礙，這才是真正學習國學大智慧的本意所在。因此我敢於直言，不管你從事哪方面的工作，有緣讀到此系列書籍，都會有所受益，無論是現實中的金錢財富、身體情感、公司治理等任何方面有問題，基本上都會有機緣得到解答和受益。因此，是從經典中受益，而不是僅僅之乎者也的背經典。

事實上，我們先祖的經典，都是大智慧的呈現，其中任何一句話解讀出來，對現實中各個方面皆可有所裨益。這就是我們中華大智慧的特點、特性，因其是整體性的，

任何一句話、任何一段話、任何一部經典，都可以使人方方面面受益。比如你有情感問題，恰巧遇到我解讀《孫子兵法》，看似跟情感一點關係都沒有，然而學習解讀《孫子兵法》的時候，你卻真的能夠獲得情感方面的幫助，這就是我們中華老祖宗的智慧。

前書已經講明了我們老祖宗的智慧如何而來，而現在要闡明這套智慧體系為什麼要從《孝經》開始講起。從漢武帝時期一直到清末，經過兩千年的積累、沉澱，儒學成為中華文化文明的主流，無可替代。所謂儒釋道，儒學、佛學以及道學三門學問是中華文化的主流，而這三門學問中又以儒學為主幹，佛、道是最大的兩條支流，而後的法家、兵學、陰陽學、玄學，以及琴棋書畫茶，等等這些也都是支流。經過兩千年不斷的沉澱，及各朝各代的應用過程，的確發現儒學才真正是中華文化的主流、中華文明的主脈絡。

歷史千年沉澱的作用，就是淘汰不合時宜、無用無效的，這就是自然規律。為何儒學從誕生伊始，雖幾經波折、

幾經打壓，都能東山再起，甚至死灰復燃，就是因為儒學的有效、有用，所以才能無數次的恢復起來，再佔據我們文化文明的主流。

然而，從儒學誕生到現在的整個歷史中，現階段應該是儒學最黑暗的階段，是整個中華民族最不認同儒學的階段，也是儒學最受打壓、最被否定的階段，被扔進歷史垃圾堆，甚至踏上億萬隻腳，使之不得翻身。

所以，我們正在講授的國學大智慧，看似我侃侃而談、滔滔不絕的講儒學，其實違背時代當下狀態，並非順勢而為，而是背道而馳，也使得很多內容不能深講。因為內容十分顛覆，所以並不是我敢講，每句話我都在斟酌，並沒有把真正的儒學呈現出來。但不能講深，不是因為反動，而是與現在的時代主流思想不相符，所以能交流多少、多深，也需要看緣分。但是，我本身就是做這項事業的，我的師父傳我之時，責令我以後不可只是單傳，而要將此大智慧廣傳、普傳於華人，這也是我當時承諾師父的使命。所以我才會用各種方式、各個角度傳播這套國學大智慧。

第二節
《孝經》儒學起修處
智慧傳承有順序

言歸正傳，現在所講的是中華歷史長河中，積累、沉澱而來的儒學十三經中，最重要的一部經典，即是《孝經》。事實上，《孝經》比《易經》和《詩經》還要重要，真正的萬經之首不是《易經》，而應該是《孝經》。雖然很多人未曾聽說《孝經》，而《易經》無人不知無人不曉，但這正是因為《孝經》最重要。所以最重要的總是被最先打倒、被徹底壓制。

清末五四運動以後，傳統文化被認為是封建殘餘，所以要打倒、否定。而封建殘餘其實代表的就是傳承，傳承的是古人的經典，這就成了所謂的萬惡之首，也成了現在的普世想法。之所以最先打倒《孝經》，即所謂現代社會打倒古代的三綱五常，尤其三綱是壓在中國人民頭上的三座大山，君為臣之綱，父為子之綱，夫為妻之綱，這必須

得打倒，因此五四運動後真正打倒國學傳統文化，就是從三綱五常開始的。

領導、老闆、領袖又能如何，犯了錯誤就得打倒。我今天做臣子下屬，你今天能做老闆，明天我也能做老闆，所以首先打倒君為臣之綱。之後又打倒了父為子之綱，即所謂我是革命青年，為了革命，大義滅親、六親不認，如果父親的思想有封建殘餘，一樣要打倒，絕不是爹說什麼我都得聽，那本就是封建殘餘。而中國現在就是這種以抗上、反叛為自豪、先進的狀態，所謂的有革命鬥志。然而究竟革誰的命，是革傳統的命，革封建殘餘的命，誰又代表著封建殘餘？認為自己的父親、祖父是老古董，思想僵化，就是封建的殘餘。

同時，認為最不可理喻、最不可接受就是夫為妻之綱。這就是壓迫婦女，婦女應該是半邊天，男人怎能壓迫女人呢？認為夫為妻之綱就是媳婦得聽丈夫的話，以及女子無才便是德等等。把婦女壓制成什麼樣了，婦女是半邊天，得解放出來。首先得打倒三綱，推翻這三座大山。而且認

為將三綱講說得最透徹的代表，就是《孝經》，所以五四運動後第一個被打倒的就是《孝經》。所以，我們這一代人基本上都不知道還有一部《孝經》，僅僅知道一句，「萬惡淫為首，百善孝為先」。

所以，在此我所講授的國學大智慧，其實是逆著所謂時代潮流的。也就是為什麼現在基本沒有人講《孝經》，僅僅有很少數人在讀《孝經》。而講解《易經》、《金剛經》的人非常多，講解《六祖壇經》的人也很多，講《道德經》、《太上感應篇》等道家經典的人都挺多，但是真正講解儒學的人本身就少，而且基本都是講《論語》，根本不會聽到有人講《孝經》。

可是現在大家都知道，孝是好的品德。但又有一說，《孝經》是三綱五常的根。那麼打倒三綱五常到底對不對呢？其實都是要根據如何分說所謂的綱常。如果僅僅從近代流行的字面意思解讀，所謂君讓臣死臣不得不死，父讓子亡子不得不亡，出嫁婦女大門不出二門不邁，三寸金蓮裹足禁行，那當然要反之、要打倒。但是，實際上這些根

本就不是三綱五常真正的含義，而在不理解其真正意思的情況下，從所謂的字面意思解讀，任何人都得反之。

　　但如果真正明白何謂三綱五常，明白三綱五常真正講的是何意時，即會醒悟到底應該反還是不反。而我們作為中華文明智慧的傳承者，所起的作用即是，在講述國學大智慧、國學傳統文化時，首先不會人云亦云，甚至不會去聽人所講，也就無法人云亦云。所有我講授的，多少年從未人云亦云，我講述的中華文明智慧，不是僅從所謂單一的正面、或單一的負面去講，而是秉承著任何事情都是客觀的，都要從兩面去講。

　　既然是客觀的講，從兩面來講，那《孝經》到底是如何緣起的，到底有多大的重要性？為什麼儒學經典要先從《孝經》講起？我們可以這樣講，《孝經》是儒學十三經中最重要的一部經典。

　　《孝經》也是儒學十三經中最短的一部經典，整部《孝經》一共十八篇，不足兩千字。如此簡短的一部經典為何最重要？就因為《孝經》是儒學的起修處。這就是最重要

的一點，學儒學從何開始，修儒如何起修？即是從《孝經》起。

之前《中華文明真相》中我們曾經講述，中華文明從聖人經典中來，經典學習要從文字、文言文體系開始學，而聖人經典之中由孔聖人建立的儒學智慧體系非常偉大，我們一定要開始修習儒學。然而從何開始起修呢？

正如佛法從何開始起修？是從戒、善、忍，開始起修。一入佛門，直接先是五大戒，從五大戒控制欲望開始，然後日行一善、打坐、念佛等修行方法手段，戒所有的惡、戒所有的欲從而起修。道法、道學又從何開始起修？諸如市面上修道法、道術的，都是從百日築基、大小周天、氣沉丹田開始起修，其實還是從所謂的戒開始修，即修佛、修道都是從戒起。

儒學到底從何開始起修呢？在此告訴大家，儒學的起修處就是孝。具體如何起修？是孝順父母嗎？其實，幾乎每個人都覺得自己對父母已經盡孝了。那孝又應該如何修呢？天天為父母洗腳，多給父母錢，常為父母準備想吃想

喝的，父母說的話全都聽從，這些是不是就是孝啊？倘若如此認為，就是對孝根本不理解。不知道什麼是孝，又何談起修？

《孝經》即是告訴我們何為真正的孝，如何從孝起修，是儒學的起修處，可見其重要性。《孝經》是儒學的起修處，並不是我說的。我講授國學大智慧有一個原則，一直以來我所說過的話、所有的觀點，一定都是出自經典之中，一定都可以在經典中找到出處，並不是我自己感悟出來，或是我自己編造出來的。我也要學習並做到古聖人之「述而不作，信而好古」。

那麼剛剛所講的，儒學的起修處是《孝經》，其根據是什麼？

其實，這是孔子親自所說，「子曰：『吾志在《春秋》，行在《孝經》。』」此處的行是何意，又為何行在《孝經》？《孝經》重不重要呢？孔子能夠直接這樣說，就是指《孝經》即是孔子修行的起修處，他本人時時刻刻都在孝上用功夫。

《孝經》的作者又是誰呢？其實歷史上一直以來都有爭議，有人說是孔子親自寫的《孝經》，有人說是他的學生曾子寫的，還有人說他倆都不是，是後來的秦漢時期，曾子的門人寫的，也就是儒家後輩弟子所寫。其實從上面那句話就可見一斑，《孝經》應是孔子所著。

如果不是孔子寫的，他不會說「吾志在《春秋》，行在《孝經》。」此即是說，「我的行為都是以《孝經》為準則，現實中我以《孝經》規範自己，心中時時不忘孝，百善孝為先。」

從這方面看，《孝經》有點像《六祖壇經》。眾所周知《六祖壇經》是六祖惠能在世之時，由其弟子將六祖多年來講經說法的原話，作了筆記，在得到六祖本人的認可之後，整理而成的《六祖壇經》。所以六祖惠能坐化之前，弟子問他：「老師，您坐化往生後，我輩以誰為師？」

六祖惠能回答：「以《六祖壇經》為師。」也就是說，「我不再傳衣缽，而這部《六祖壇經》就是我留下來的衣缽，你們要以《六祖壇經》為師。」所以我們知道，《六

祖壇經》在六祖惠能活著的時候已經著出，且一定是六祖惠能晚年之時成書。那麼《孝經》基本上也應該是孔子晚年之時所著。

但是，還有一點很重要，即《孝經》是不是孔子親自創造、編撰出來的？告訴各位，不是的。這是為何？因為孔子信奉、信守的原則即為述而不作，所以他所有的經典著作都是源自於遠古的典籍，孔子本人不創造。他只是作了《十翼》來解讀《易經》，而《十翼》不能稱之為經。

具體而言，即是孔子把夏商周之前的上古神人傳下來的典籍智慧，經過不斷的整理、刪訂之後，在他晚年時編纂成這部經典《孝經》。我們在學習之前要把《孝經》的淵源和重要性釐清。知其重要，學時方知為何而學，我們才會真正下工夫學習。

《孝經》也是儒學十三經中唯一的一部，得到幾任皇帝親自作註的經典，其他所有的經典都沒有這種待遇，比如唐玄宗、梁武帝等，以皇帝之尊專門為《孝經》作註，就是因為《孝經》太重要了。

而且大漢的精英教育體系中，七歲入小學，先學《爾雅》識字，之後要開始讀的第一部經典就是《孝經》，當《孝經》讀通、解讀通達後，才學習《論語》。學習《孝經》、《論語》兩部經典的同時，再教小學七至十五歲的孩子，學習儒學六藝之禮樂射御書數。所以，《孝經》是漢唐時的孩子，小學教育第一部要通達的經典，當然十分重要，是教化之本。所有的教育、教養、教化一定都是從《孝經》開始，孩子七歲學《孝經》，十五歲後開始學習五經，即詩、書、禮、易、春秋，雖然通達五經是要學習一生的，但是強化學習三年，到十八歲時，直接一身文治武功，開始為國家做事，即是現在所說的去創業了。

　　有的同學質疑，「老師，你怎麼知道漢唐的時候，從小就學習《孝經》、《論語》呢？我們到現在都不知道《孝經》是什麼，《論語》也就知道幾句。漢朝七歲就開始學，我不信！」

　　的確講什麼都要有根據，絕對不能自己瞎編亂造。在《漢書藝文志》裏記載，漢文帝時，《論語》和《孝經》

皆置博士。置博士的意思是指設置專科教授的官職，即博士已經超出小學、大學的範疇，是由皇帝專設，或由下面各級研究院、學堂所設，不同層級的教授官，相當於一個職業，專門研究和傳授經學。這與我們現在的博士不一樣，是專科教授官，針對《論語》和《孝經》深度研習並傳授。漢代崔寔在《四民月令》中記載：「正月硯凍釋，命童幼入小學篇章。十一月硯凍，幼童讀孝經論語。」可見，漢代兒童在識字以後，《論語》、《孝經》是必讀之書。

而且，漢代非常提倡孝道，自漢惠帝開始，歷代皇帝的諡號前都須加一個「孝」字，如孝惠帝、孝文帝、孝景帝、孝武帝、孝昭帝。我們之所以稱為漢族，就是因為大漢時期中華的鐵血與文明，都屹立於世界之巔，文治武功無可匹敵，我們非常自豪，所以自稱為漢族、大漢民族。

大漢的鐵血文明、文治武功，又是如何能夠屹立於世界之巔的呢？我正在帶領大家感受大漢如何培養精英。都是與現在的我們一樣的人，同是炎黃子孫，大漢時期都學習了什麼，與我們現在所學有何不同？為何那時十幾二十

歲的少年，年紀輕輕就有一身文治武功，就能夠建功立業？為什麼現在二十歲的年輕人還是小孩子，三十歲都覺得沒有成熟？差距在何處？現代人的智力比漢朝人差嗎？體能比漢朝人差嗎？不是的，現代人這些方面並不比漢朝人差。

　　但是比較一下所學，就知道差距在何處了。大漢的精英教育，是從《孝經》和《論語》開始。現代人都是先從《論語》學儒學，而《孝經》和《論語》到底哪個更重要，學習哪個為先呢？其實，學習儒學是有順序的，必是從《孝經》開始起學。有人認為儒學十三經中，任一部經典拿來直接學習即可，其實並不是那麼回事。在未遇明師指導之時，隨手一部經就去學習，那就是瞎學，相當於盲修瞎練，什麼都學不到。但是，有了老師，就有秩序、有順序，老師一定會先講明白，《孝經》是《論語》的先導，沒有《孝經》就沒有《論語》。

　　如此一說又有何根據呢？為何我不直接開始講解？無所謂信或不信，有沒有證據，直接講給大家聽不就好了？那肯定不行，之所以正式進入《孝經》講解之前，我先講

述前面這些，同時又提供這麼多資料證據，就是因為我對《孝經》的講解太顛覆，大家很可能不認同、不認可。而且《孝經》並不是《易經》、《黃帝內經》，不是教授陰陽學、五行八卦，感覺也不是講授如何修行、如何練神通，大多數人可能沒有興趣，認為《孝經》肯定是仁義道德禮智信的俗套，無非是孝順父母、積德行善，既沒意思，也無所受益。

　　但是，在此首先告訴各位，我所解讀的《孝經》一書，你認真讀一讀，所受益的一定會比之前的，甚至其他所有的經典解讀，都要巨大。再次強調，最重要的一部經典就是《孝經》，甚至比《易經》還要重要。《易經》講述的是宇宙自然之規律，而《孝經》講述的則是為人之本，並不一樣。而且我們已經知道，人在宇宙之中是最大的，即所謂「天地人中，人為最大」。所以，為人之本是最重要的，亦即《孝經》才真正是修身、齊家、治國、平天下之最根本。所以，經典之中，我首先完整的講解《孝經》。

　　在此將《孝經》的緣起、重要性先講清楚，隨後《孝

經》十八章，我會一以貫之的講完，因為太重要了。《孝經》之後才會講解《大學》、《中庸》，然後才是《論語》。《大學》、《中庸》是儒學的框架、結構，而《孝經》是儒學的根基，沒有《孝經》，後面儒學的一切全都無從談起。

　　《孝經》是修身、齊家、治國、平天下的根本，首先《孝經》學好了，即可知道如何修身。有人認為修身就是透過打坐、行善，或者百日築基、大小周天。那可不是，那些都是術。所謂由孝修身，即學好《孝經》、孝修好了，身體即使有疾病也都隨之治好了。

　　有人很詫異，「老師，您又開始玄了。學習《孝經》、孝順父母，身體的疾病就能都好了？」

　　真正講解《孝經》，首先即是孝乃立身之本、修身之本。認真讀至後面的章節，孝與身體有何關係，即可明瞭。我有肝炎、腸炎，讀一讀《孝經》就會好嗎？先莫質疑，繼續讀下去就能知道到底會不會。

　　修身之後為持家，即如何使家庭和睦、美滿，家族興旺、繁盛，都是從《孝經》中來，都是從孝中來。難道僅

僅孝順父母就能使家庭幸福、家族興旺？其實，也不要簡單狹隘的認為，孝就只是孝順父母，孝字的含義很深、很廣。甚至治國，即現在所謂的公司治理、建立、打造商業帝國，都要從孝開始做起。孝，小可安家，大可治國，更何況治理一家企業。一個「孝」字延伸出去，甚至形成了漢唐時期穩定的社會制度。

中華穩定的社會制度，從夏商周時便已開始，之後經歷漢唐一直延續到現代。上下五千年，我們的社會制度以及整個社會一直十分穩定，並沒有如歐洲般大半時間的硝煙、戰火和民不聊生，整個歐洲歷史一片混亂，不必早至夏商周時期，即使秦、漢、唐，以及宋、明時期，歐洲一帶還是一片黑暗，沒有文明的曙光。歐洲真正有文明的曙光，直到現在才先進起來兩百年左右，即便是文藝復興到現在也不過大約五百年的時間。

而中華文明早在夏商周時已經非常穩定，一個朝代穩定幾百年，實現幾十代的傳承，此即所謂治國之功。治國之本，又是從何而來？即從孝中來。由孝最終延伸出我們

穩定的家、穩定的家族、穩定的社會、穩定的國家。把每一個人修好，把每一個家修幸福，把每一個家族修的興旺，進而把每一個以家和家族為單位的城市修和諧，最終把國家修的繁榮昌盛。

家庭是社會的基本單位，家族是社會的次級單位，城市又是家族再向外延伸的更高一級單位，而國家即是由這些城市所組成的。古人的修身、齊家、治國、平天下之中，治國之道是如何使一個朝代經歷幾百年興盛不衰的？而又是為什麼朝代末期會衰落、瓦解？在此我們都會以史為鑒，如大秦之強大，為何十五年而滅，僅傳兩世；蒙元那麼強大，占領整個歐亞大陸，打造黃金帝國，又為何在中華大地上僅僅不到一百年，其統治就瓦解了？

而夏商周、漢唐宋明包括清朝，之所以都有幾百年的延續，就是因為符合天之道。而符合天道，就能延續，就能傳承；不合天道，就會很快敗落。

有人沒有理解，問：「老師，那國家、民族跟我們有什麼關係呢？」如果國家和民族都必須符合天道才能長久，

那你的企業或者家庭要不要符合天道呢？其實都一樣，只要不符合天道，企業也好，家庭也罷，都很難長久，很難繁衍生息、代代傳承。因此，有家有國，家國一道，管理家庭和治理國家是一回事。而且也可以表明，以儒學體系為代表的、中華祖聖的國學大智慧，是有順序的。

儒學是中華文明文化的主流，沒有之一，是絕對的主流。而儒學之根、儒學的源頭是哪裏？即是上古之神為我們傳下來的這套文明體系。亦即是說，國家、社會、家族、家庭的穩定，包括社會結構的穩定，整套體制體系都是自上古之神傳承而來。因此，孝也不是孔聖人發明創造的，也都是隨我們這一套神性的文化、文明傳承而來的。這就是我們所謂的天之道，即是使社會、家族、家庭穩定的天之道，亦稱為倫理道德。倫理、道德皆從天來。所謂從天來，即是先天的。符合這種規律、規定，就穩定長久、繁衍生息；如果不符合這套天之道，無論任何人種，都會很快的瓦解及敗亡。

能夠把天之道，即上古之神所傳的文明體系，解讀並

充分落地，同時能夠傳授大眾如何操作，甚至手把手的教授怎麼做的，只有先師孔聖人。所以，中華有一句話，「天不生仲尼，萬古如長夜」。孔聖人對我們中華的貢獻無比巨大，任何語言根本無法形容，隨著我們繼續講解儒學經典，各位將會在方方面面、時時處處體會到孔聖人之偉大。

我們講授儒學六藝，並沒有用經典講解，僅僅是從經典中挑選出隻言片語，就已經能夠感受到其中的深度與內涵。當我們正式講解經典的時候，更能感受孔聖人多麼光輝偉大，感受他對中華文明、對華夏上下五千年的巨大貢獻。

有人問：「老師，孔子距今才兩千五百年，為何說對上下五千年貢獻巨大？」

是的，孔子總結了在他之前兩千五百年的華夏神性文明體系，然後開啟了他之後兩千五百年中華的興盛繁榮、繁衍生息。孔子正處於上下五千年，中間的樞紐環節，最重要的位置。所以孔子是中華承上啟下的聖人，我們華夏兒女如何形容、怎麼讚揚孔子都不為過。

第三節

孝字為先安天下
穩定傳承為萬民

　　我們之所以說儒學是先有《孝經》，後有《論語》，之所以要先學《孝經》，後學《論語》，我們再用經典的內容資料來證明一下。首先說到《論語》，每個人都會認為不管自己是否曾系統學習國學，肯定都讀過、學過一點《論語》。其實不一定，聽過《論語》之名聲、名句的人很多，而真正能看懂一點的人可能真的不多。其實，整部《論語》就是沿襲《孝經》而來。

　　《孝經》講概括起來無非就是兩個字，一是孝一是悌。孝以對父母為代表，悌以對兄弟為代表。而《論語》第一篇學而篇，有一句話非常著名，「子曰：『學而時習之，不亦悅乎？有朋自遠方來，不亦樂乎？人不知而不慍，不亦君子乎？』」這是《論語》開篇所講，應該如何學習。緊接著第二句就是，「有子曰：『其為人也孝悌，而好犯

上者，鮮矣。不好犯上而好作亂者，未之有也。君子務本，本立而道生。孝悌也者，其為仁之本與！』」這一句就是對孝悌的評論與評價，直接出現在《論語》第一篇第二句話。

　　《論語》開篇先說，現在要開始好好學習了，至於第一句話的意思中應該學什麼，又如何學，這不是本書所講的。而第二句話馬上步入正題，直接將《孝經》的觀點使用在《論語》之中，而《論語》後面的篇章，都是告訴人們如何為人、如何做事，其標準是什麼，什麼環境下應該如何做等等。

　　事實上，儒學思想指導我們現實中的為人處事，就是從孝悌延伸出去的。而《論語》開篇就在講對孝悌的評價，「君子務本，本立而道生。」即謂知道怎麼做人，才能談及修行、修道。人做好以後，符合天之道，進而「孝悌也者，其為仁之本與！」孔子講做人的最高境界，就是「仁」字，而此處即告訴我們孝悌就是仁之本與，即所謂仁義、仁的根本就是孝。

我們學儒學，要整體性的學，不能碎片式的學，不能學一部經典就只看這一部經典，儒學所有經典其實全都是貫穿於一體的，講的都是一回事，亦即是反反覆覆的從各個角度講同一個事。所以，沒有孝延伸不出整部《論語》。

還有一句俗語，「半部《論語》安天下」，意思就是學好、學透、學明白《論語》，基本上為人與做事就都有準則，不會走偏，而且在管理的各個方面也都能夠有所收穫。《論語》的前提又是《孝經》，所以在此要先將《孝經》的重要性闡述清楚，知曉自漢開始，唐、宋、元、明、清各個朝代對《孝經》都非常重視。

但現在還有很多學者認為，之所以重視《孝經》，是因為符合統治階級的利益，大家遵守三綱五常，臣子就都會聽統治者的、聽皇上的話，人子在家都聽爹的話，老婆都聽丈夫的話，這就是腐朽，就是為統治階級利益服務的。封建社會之萬惡都是從所謂的《孝經》中來、從三綱中來，現在很多人都這樣說。

然而，歷朝歷代之所以對《孝經》如此重視，絕不僅

僅是因為所謂的為統治階級服務。甚至，我們可以先這麼講，即使是為統治階級服務的，又該如何看待？有孝道，即使是為統治階級服務，從管理結構和社會架構上，以及整個社會穩定上，為之服務了五百年，豈不意味著一個朝代就安穩、安定了五百年。這又有何不妥？可能從某些人的角度來看，只要是皇帝、統治階級，就是欺壓老百姓，統治五百年即是欺壓五百年。其實並不能那麼偏頗一面的評說，不管是誰做天下，對於老百姓不都是一回事嗎？都是希望安居樂業，老婆孩子熱炕頭，柴米油鹽醬醋茶。

具體是誰當皇帝跟百姓有何關係，而又有哪個老百姓不希望穩定呢？他們不管皇帝是哪一個人，也不管是不是家天下，都是過日子，老百姓希望的是穩定。哪個百姓希望社會每十年就出現一次大動盪，誰也受不了。每一次社會動盪，都是生靈塗炭，最後受苦最多的、死的最多的不還都是老百姓，而皇家朝廷不外乎是今天我當皇帝，明天你奪位登基，真正受苦的還是老百姓。

再看現在，設立一家公司想不想安穩？成立一個家庭

想不想穩定？想不想兒女、子孫的家庭也穩定一輩子？其實，我們不能那麼極端的想問題，也不能天天想革命，天天想推翻，什麼都推翻，今天建設一個接著推翻了，明天又建一個接著又推翻了，那不是老百姓想要的。看一看整個歐洲曾經的歷史，天天就是推翻，為什麼會經歷上千年的黑暗與生靈塗炭，為什麼歐洲人口一直繁衍不旺盛？或者是戰亂，天天都在革命、推翻；或者是瘟疫，而瘟疫是怎麼來的？也是因為社會不清明，人心變壞了。

　　所以考慮問題的角度很重要，首先得正思想，然後繼續講解《孝經》，大家才能接受，才能認真讀下去。我之所以要講《孝經》，即是緣自於孔聖人提倡孝字為先，用孝建立社會規範，最後形成穩定的社會結構。其初衷就是使個人、家庭、家族，以及國家或社會，長治久安、穩定繁榮，然後繁衍不息、傳承不止，是從這個方面考慮的，是否就是為萬民生計考慮？哪會有人只是希望社會動盪不安。

　　如果有人覺著，「老師，我不希望社會穩定，不希望

家庭穩定。我們就是要造反，要革命，要打破舊世界。」

　　首先請問何謂舊世界？把所謂壞的打破了，確實有腐朽的，你去打破，同時也要把好的全部都打破嗎？就好像給孩子洗澡，洗完要把髒了的洗澡水倒掉，結果把孩子也一起倒掉了，可以嗎？我們要什麼，我們得清楚。如果就想造反，就想革命，就想天天所謂的要換新天，那我的書你讀不下去，因為我所講的聖人之道，是要使得社會穩定，而且要穩定幾百年、上千年。也只有以此為目標方向的，才是聖人之道、聖賢之道。

　　先從理上，從認識上，考慮清楚、糾正過來，能夠與我同聲共氣。否則，如果不認可，則無法習讀此書。孔聖人創立這一套儒家文化，就是為萬民生計考慮的。如何使得國家、家庭、家族都穩定，我們的社會體制、社會結構如何建立，這難道不是現在我們這個時代最需要的嗎？結果現代人，尤其現代中國人，特別的矛盾、撕裂，天天要打破舊社會，天天喊著革命，又天天喊著和諧、喊著維穩。既然穩定是第一位、穩定壓倒一切，為何還要革命，革命

就不能穩定，穩定就不能革命，到底是要革命還是要穩定呢？

要穩定就把孔聖人的儒學體系認真學好。真正學好了，就能保證整個家庭、家族一定穩定。現在不僅孩子逆反，而且離婚率很高，就是因為不穩定，而我們講解《孝經》，就是要把根都解出來，而且孔聖人已經為我們想好了解決方法。

我們現在已經沒有家族的概念了，以前強調同宗同族，而現在家族已經瓦解，這同樣是現在社會的悲哀。一個穩定社會最基本的細胞結構，是以家庭為單位，家庭形成家族，家族再形成社會最基本的結構。

想要企業穩定，如果不懂管理之道，想把人管好，想把事做好，談何容易。且不說把人管好，先說如何能夠把人留住？有人認為，可以用高薪留住人。然而，真正的人才，有人可能比你給的薪酬更高。現代企業留人，不是股權，就是高工資、高福利，都是從利益角度留，但僅從利益角度真的能把人留住嗎？其實用利益留人是最低級的方

法，也是最不可取的，會把企業帶向敗亡。而且大家都用利益，有人用利益留人，就有人用利益挖人，全都在利益這個層面，最後就會形成一種氛圍，都是急功近利，只看眼前。

現在，國家和社會是企業為主，其中充斥著浮躁、焦慮，任何事都沒有長遠打算，沒有長期規劃，僅是一個「快」字。開口就是所謂深圳速度，建設高樓以前是一週一層，感覺挺快了，不滿足，後來一天一層，五十層的高樓，五十天蓋完，能結實牢固嗎？立交橋建設速度飛快，沒過幾年鋼筋開始斷，橋開始晃，然後橋塌了，這都是快的結果。現在什麼都講究快，就跟企業以利益留人同樣的思維，這樣的企業能留住人嗎？如果人都留不住，還談何管人。

對於這方面，我們不僅要學習瞭解人情、人性，更要通達人情、人性、人心。還得在此基礎上，做到符合人情、人性、人心，要從利益層面拔高、超脫、超越，作為企業老闆，一定要超越利益，才有可能使企業長久。

家庭也是一樣，夫妻兩人利益心太重，甚至是因利益而結合，最後一定會因利益而分離。現在多少人找配偶是根據對方的家產條件判斷，有錢就好、就嫁，結果三年後家破財空，就後悔了。多少家庭都是因為老公窩囊不能賺錢買別墅，就覺得跟著他沒希望，一輩子享受不著，所以離婚。整個社會全是如此，全是浮躁，全是利益！男人都拼命的不擇手段賺錢，因為有錢才有價值。女人也變成了不擇手段的賺錢，這種社會能長久嗎？

　　我們的古聖人早已把這一點看透，但並非聖人看到社會現狀後，重新創造一套更高層面的體制、社會結構，而是把上古那一整套高度發達、已經成型的文明社會結構和體制，直接拿過來告訴我們，由何而來、如何形成、該怎麼做，從而可以使民心安定，不繼續在利益的漩渦中不斷的沉淪，不再浮躁。

　　把整個社會所有人的心安下來，這可是大學問。安幾個人的心不難，但是安幾萬人、幾億人的心，甚至把整個民族的人心都安下來，那可真的是大學問。這個問題西方

到現在都沒有解決，還在尋找出路，因為現代西方的社會結構，是以英國為古典代表，以美國為時尚代表。但是無論古典還是時尚，英國還是美國，其實都有漏，都做不到一個朝代傳承幾百年，能夠保證幾百年的強大穩定，興旺繁榮、繁衍生息，很不容易。

現在有人看著美國好，有人看著英國好，還有人看著北歐國家高福利、生活好。然而，他們這樣的狀態才保持了幾年？一切所謂的社會結構、管理體制，如果真的先進、真的優異，一定經得住歷史考驗，經得住時間考驗。西方的一切尚未經受歷史和長時間的考驗，反而中華的社會結構和體制，經受了幾千年的歷史考驗。結果，現在我們自己革命打碎了，卻一味的向西方學習社會結構、社會體制。而西方對人情、人性、人心的認識方法，所提倡的都未經歷考驗，都在試行階段，我們現在能跟他們學到什麼呢？至少要驗證一千年以後才可以向他們學。

西方尚且在找他們的出路，基本上都找到了中華，也都在研究古中華為何這麼穩定。其實，西方找到東方，首

先在印度找了幾十年，沒找出個子午卯西，發現印度與傳說的不一樣，印度的歷史、傳說、文字體系，以及印度流傳的文明、所謂的宗教信仰，都不是那麼回事，先不談是否成系統，甚至有沒有都是個未知數，根本無從學習。

所以，近二、三十年西方又把目光盯向中國，在中國成立了很多外資基金會，挖掘所謂掌握中華傳統智慧的高人，但至今也沒能挖到，也不可能挖到。其實很可笑，中國人現在一味西學，而西方卻還不知道自己如何發展，所謂高社會福利等等一套社會制度，就可以使社會穩定嗎？最後都成了社會的拖累，形成巨大的債務、巨大的負擔。

看似人們生活得都不錯，其實全是以利益為導向，整個國家就會被拖垮。為什麼金融危機不斷發生？再看美國的外債為何債台高築？我們並不是研究經濟的，也不是研究金融的，金融和經濟也都自有成套的理論體系。我們研究任何問題都是從根上研究，從社會現象、人情、人性、人心的角度研究，即為聖賢學。

聖賢不一定研究經濟，但是如果開展經濟活動，肯定

比專業研究經濟的高度高得多。因為聖賢的整套體系，已經超越於經濟之上，即是在穩定社會結構的過程中，所有經濟學就都在其中了。而且聖人設計的這套體系，根本不會讓人的眼睛盯著經濟，甚至如果人們發現自己正在執著的緊盯著經濟利益，自己都會覺得低賤恥辱、不應該。

中華的聖賢學會將人導向正向。生活無憂沒有問題，也會很開心快樂，但開心快樂並不是建立在強大的物質基礎上。歷史上，所有重心盯在強大物質基礎上的，最後都是慘烈敗亡的結果。國家並非越富有就越強大越長遠，人民就越開心。現在美國是世界上最強大的國家，但是美國人開心嗎？

有人馬上回答：「老師，怎麼會不開心呢？美國人都是在法制的前提下，公平公正、衣食無憂，教育、醫療、住房等各方面也沒有那麼大的壓力，甚至是免費的，多麼令人嚮往啊！」

那些只是表面現象，實際上美國人真開心嗎？2020 年疫情才發生沒多久，就出現了三千多萬失業者，而且失業

不到一個月，就已經吃不上飯了，是不是很奇怪。一項統計數據表明，存款不足 400 美元的美國人竟然占 40% 左右，令人聞之色變。開始聽說時我堅決不信，美國人這麼有錢，每月工資幾萬美元，即使不攢錢，也不至於 40% 的人存款不足 400 美元啊。直到疫情時看新聞，我終於信了，因為美國救濟機構，會免費給沒飯吃的失業者，發放兩片麵包、一塊火腿、一盒牛奶，很簡單的一份午飯，每人一份，領救濟的隊伍竟然排了幾公里，很多人要排幾小時的隊，等拿到這份午飯時，都到晚飯時間了，那也不得不去排，因為真沒錢。

如此發達的國家，貧富兩極分化卻這麼嚴重，80% 的財富掌握在 20% 的人手裏，剩下 80% 的人分配剩餘 20% 的財富，到每一個人的手中，真的是杯水車薪。那 80% 人的開心快樂從哪裏來？美國能解決這個問題嗎？為什麼解決不了？因為出發點是不對的。那這個問題到底能否解決呢？

想想我們中華的漢唐時期，所謂強漢盛唐，包括大宋，

那時中國人的快樂指數有多高。我們可以想像唐朝時，一個農民坐在田間地頭，隨口就能吟誦一首唐詩。什麼情況下能夠作詩呢？其實並不僅是詩人會作詩，那時候根本沒有所謂專職的詩人，只是因為詩作得多了而被稱作詩人。那時很多人都會作詩，民間採集了很多詩，都是如何而來的？什麼樣的人才能出口成詩？除了悲憤之人，就是開心的人、浪漫的人、衣食無憂的人，能夠隨口吟詩作賦。現代人為何作不出詩了，而且現代詩基本都是無病呻吟，為何作不出唐詩宋詞那樣的妙語佳句了？因為現代人沒有唐宋時期的幸福指數。

當然，也有諸如杜甫一般缺衣少穿的詩人，但那是另一個極端。多數詩人還是風花雪月，描繪美麗的山川，抒發浪漫的情感和情懷。漢、唐、宋時期的中國人幸福指數有多高，不要總盯著那短暫的戰亂時期，四百年大漢、三百年大唐、三百年大宋，前後近千年的繁榮富強，近千年的幸福指數極高，期間盛世連連，間或有幾十年的戰亂，那也是規律使然。而現在有那時的幸福指數嗎？美國人有嗎？英國人有嗎？哪個國家的人能有那樣的幸福指數啊！

包括現在中國的企業，從高階主管到員工幸福指數高嗎？
家庭幸福嗎？孩子開心嗎？可能都很有錢，但是幸福嗎，
開心嗎？

　　講《孝經》為什麼要講到幸福指數等等這些呢？其實
我現在講解《孝經》的目的，亦即是聖人之所以留傳下來
一部《孝經》的目的，就是要把剛才談到的所有社會問題，
從根上解決。所以漢、唐、宋、元、明、清，歷朝歷代都
如此重視《孝經》，因為《孝經》是整個社會結構與體制
的根本所在。在明白、認同這些的基礎上，我們正式開始
解讀《孝經》才有意義，其實我們已經在解讀《孝經》了，
雖然不是逐句講《孝經》的內容，但是我所講的所有內容
都句句不離經典本身。

第二章

一門深入觸類旁通
仕而優則學 大隱隱於朝

第一節
開宗明義見聖人禮數
三千門生精華者二三

上一章我們講了《孝經》的重要性、《孝經》的作用，但僅僅是概括的講述，大家還很難理解一部《孝經》為何會有這麼大作用。接下來的講解過程中，我們在學習中才能真正一點一點的領悟《孝經》提倡的孝文化，也就會明白《孝經》是儒學真正的基礎。儒學如何修學？僅是讀無數經典嗎？現實中應該怎麼做，又如何開始做呢？孔子親自告訴我們儒學整套體系，都是從孝開始做的。

至此，我們開門見山，打開《孝經》開始解讀。《孝經》經文其實很簡短，一共不到兩千字，是儒學十三經裏最短的一部。全文一共十八章，每一章都有其含義。

第一章，開宗明義章。首先我們要知道，讀古人的經典，無論儒學經典、道家經典、法家經典，以及其他聖人的經典，經典書寫是有一定的格式的，基本上所有經典開

篇第一章就是這部經典的概括。

　　古人不會把很多的內容、觀點和理論體系，複雜的堆積到一部經典裏。基本上一部經典都是闡述一個大道之理，因此每一部經典都一定有其宗旨，非常明確。古人的行文體系，特別注重的就是行文的格式和佈局。無論是儒學經典，還是《鬼谷子》、《韓非子》、《莊子》、《荀子》、《墨子》，經典行文都是一樣的，第一篇就是整部經典的總概括，主要的論點、觀點，和要傳達、表明、闡述的最主要的理，一定都在第一篇明確提出來，甚至基本上第一篇的第一段即是第一篇的精髓所在。

　　其實我們讀古人經典，先只看第一篇，甚至第一篇的第一段，就能夠知道這部經典寫的是什麼，於是我們再決定是否繼續學習這部經典。這就是古人行文的佈局，而且基本所有的經典都是這樣。從第二篇開始之後的經文，都是論述第一段的主旨的理，論述其含義，列舉很多證據進一步細分，詳細論證所要表明的觀點，觀點提出的原因，以及為何能夠符合陰陽大道之理，古人表明的所有觀點，

必須要符合宇宙自然的規律。

　　這是一個不成文的標準體系，離開這個標準體系去講述的理，就不能再稱之為大道之理。古人不會一拍腦袋，自己冒出一個論點，一個觀點自己感悟出來就直接表明，廣而宣之，就寫一部書，這樣是不可以的。基本上，古人都秉承「述而不作，信而好古」。所以，如果他們要把自己的理表述出來，必須要尋論據、找證據，而且一般都是從古書典籍中尋找，以證明自己所說不離古書。用來做依據、證據的古書基本上就是《詩經》、《周禮》、《尚書》。

　　以上所講就是古文基本的佈局和標準。然後我們來看《孝經》，也是嚴格按照這個基本佈局所作，《孝經》十八篇中，最重要的就是第一篇，所以我們稱為「開宗明義章第一」。首先，開宗之意即是寫這部經典的宗旨是什麼；明義，即到底要表明什麼真理、什麼真相。此即謂開宗明義，是最重要的第一篇。第二篇以後所有的章節，都是對第一篇的論證。

　　下面進入開宗明義章，開篇寫道：【仲尼居，曾子侍。】

孔子，名丘，字仲尼。曾子是孔子的弟子，名參。「子」字是敬稱，就是先生的意思。孔子閒居的時候，也就是平常沒事的時候，弟子曾參在旁照顧、侍候師父，比如孔子寫字，曾子就在旁幫師父備紙、研墨等等。此處用一個「侍」字，古人講究禮數，師父和弟子在一起，「侍」字就代表不是平起平坐，不是像朋友一樣對坐聊天，師生之間不會那樣。現在社會已經沒有禮數了，老師和弟子之間，弟子都沒大沒小，老師也沒有威嚴，弟子見到老師，跟朋友一樣聊天、勾肩搭背，很不合禮數。而開篇這六個字，我們就能還原出當時的場景。曾子在旁侍候師父，孔子坐在案前，或許在看經書，或許在寫文章。

曾子，到底是怎樣一個人呢？其實，我們在此講到學習儒學，有五個重要人物必須得知道，即所謂儒學五聖。這五位聖賢，有人寫了著作，有人沒有著作，而儒學的整套體系起於孔子，發展於後四聖。在此大概介紹一下這五聖，首先即是孔子，在儒學五聖中，稱為至聖，至即頂點、頂尖；第二位是曾子，稱為宗聖；第三位是子思，孔子的嫡孫，稱為述聖；第四位是孟子，稱為亞聖，俗語常稱儒

學為孔孟之道，即包括這位亞聖孟子，僅次於孔子；第五位是顏回，或尊稱顏子，稱為復聖，在後世帝王追封時，都尊顏回為復聖公。此五聖共同完善了儒學這一整套完整的大體系。

所以，我們要學習國學大智慧，學習中華的文化文明脈絡，必須得瞭解和清楚這五位，至聖孔子、宗聖曾子、述聖子思、亞聖孟子、復聖顏子。後面這四位是孔子的弟子後輩之中，最出類拔萃者。我們都知道有此一說，孔子一生學徒三千，賢者七十二，即孔子的學生有三千人，而這三千個弟子當中，真正出名、有所成就的優秀弟子，大概七十二人，即所謂聖賢，被稱為七十二賢人。而在孔子親自教授的三千弟子中，後來能夠被孔子認可，即孔子覺著師從他學儒，學得有點成就，入得門邊，能掌握一點精華、精髓的人，孔子親口所說，二、三人而已。

其他的七十二賢人，也就是將將觸及皮毛。而三千弟子中，兩千九百多名弟子，皮毛都沒摸到。何堪如此？其實這很正常，一個學派、流派，傳承過程中都會有這種問

題，比如道教全真派的王重陽，一生也有接近兩千弟子，真正能傳承衣缽、真正能得到一點精髓、真正能夠自立門戶的，不外乎全真七子，馬鈺、丘處機等七人而已。

但是儒學真是有點少得可憐，三千弟子真正得點精髓的才兩三個人。其中有兩個弟子是孔子在世時親傳的，一是顏回一是曾參，這是孔子教的三千門徒中最出類拔萃的兩人，甚至可以這麼講，能掌握孔子之學精髓的人僅有他們兩人。孔子所謂二、三人，那第三個人是誰？而諸如子貢、子路、子游等，其實都不能算作掌握精髓的弟子。

也許子思能勉強算作半個。子思是孔子的孫子，但是出生時孔子年齡已經很大了，然後將子思託付給曾子教授，而不是由孔子親自教授。子思是個歷史上少有的少年天才，十幾歲時就博覽群書，精通儒學這套體系，就能夠掌握其精髓。儒學還有兩部重要的經典，是概括整個儒學體系的，一部《大學》，一部《中庸》。學習儒學體系，首先學《孝經》，而後學習《大學》和《中庸》。其中《大學》就是曾子寫的，而且曾子一生僅寫過《大學》這一部經典；《中

庸》則是由曾子的弟子，也就是孔子的孫子子思所寫，子思也是一生僅寫了一部《中庸》。

五聖之中的孟子，不是孔子同一時代的人，所以孔子並沒有親自教過孟子，孟子是跟隨子思學的儒學。孟子在儒學上有很大的造就，所以稱之為亞聖。因此儒學五聖，至聖孔子是創始人，還有他的親傳得力門生復聖顏回和宗聖曾子，曾子又傳予述聖子思，子思又傳予亞聖孟子，是這樣的師徒傳承的關係。

顏回即顏子，是儒學七十二賢人中的第一人，是孔子評價最高的人，也就是孔子所有弟子中，最能得其精髓的門徒之首，因此稱作復聖。所謂復，即如孔子再來。顏回與孔子是同一時代的人，十三歲就跟隨孔子學習，比孔子小三十歲左右。顏回聰明寡言，又謙虛謹慎，對儒學的理解是最深最透的。對儒學貢獻最大的人，除了孔子就是顏子，如果沒有顏回，也就沒有我們現在看到的五經、六藝，包括《易經‧十翼》，顏回作為弟子是最忠實於孔子、最忠實於師門的。

孔子那個時代不是只有孔子這一位教育家，還有一個廣收門徒的人，名卯。卯在當時官至少正，所以歷史上稱呼他為少正卯。此人是法家的代表，同樣也廣收門徒，既作官又廣收門徒。孔子那時也在廣收門徒，但在當時的狀態下，論影響力以及個人演講的魅力，孔子不如卯。後來孔子也挺鬱悶，因為孔子的三千弟子，並非一直全都跟隨著他，實際情況是經常有弟子偷偷跑到卯那兒去上課，學一段時間後又回到孔子這兒，再過一段時間又到卯那兒去學。因此歷史記載孔子教授門徒，即所謂三盈三虛，意思是好像弟子眾多，有三千門生，但過一段時間就都沒了，沒人在這兒上課，都到卯那兒上課去了。絕大部分孔子的弟子都是這樣，兩邊聽課學習。有的甚至不僅是兩邊，那時授課老師也很多，有些人是四處聽課學習。

　　孔子這套儒學思想，講究的就是孝悌忠君、道德仁義禮智信，最講究仁、德、孝，但這套思想在當時並不受重視。春秋戰國時代，正是天下諸侯割據爭霸的年代，當時的法家體系、學說更受歡迎，從統治階級、帝王將相到下面的士大夫，甚至包括氏族、百姓，都覺得法學體系特別

有用。而卯就是法家代表，在當時作為少正，本身又是高官，所以於各方利益考慮，孔子的很多弟子就選擇來回的跑，四處去學。

其實就像我們現在有修行意願的同學，有的學佛、有的學道、有的學儒等等，基本也是東奔西跑，不知哪家是明師，不知哪家有真東西。孔子在世時，並不似後世時期被尊為聖人，也都不知道孔子後來能成為聖人。孔子何時被尊為聖人的？是在大漢時期。儒學在漢朝時才大行於天下，成為中華的文化主流，那時孔子都去世幾百年了。所以孔子在世時，大家也不知道他是聖人，所講的儒學又不合時宜，弟子們多選擇來回的跑。

只有一個弟子顏回，真的是忠誠不二，一直守候在孔子身邊寸步不離，而且從來沒有到所謂少正卯或者任何其他門派聽過課，僅是一心鑽研儒學體系，只有這麼一個弟子。可能包括曾子、子路、子貢等，都去其他門派學過，只有顏回專心學儒，所以非常的忠誠。顏回對儒學發展貢獻之大在於他一直陪著孔子周遊列國，孔子周遊列國十四

年，顏回就陪了十四年。孔子周遊列國四處求官不得，就在陳國、魏國、魯國、齊國這些列國之間來回的跑。其實也是在求官的過程中，搜集遺落民間的各種經典，而搜集來的經典，孔子沒有時間整理，這些就都由顏回來作整理。因此，顏回一直在幫孔子整理，周遊列國期間搜集的散落民間的上古經典，而且為了整理這些經典，嘔心瀝血，年紀輕輕就累死了。

顏回出身貧寒，從小身體就不好，吃不飽、穿不暖，不像其他的弟子，多是官宦子弟，甚至是王公大臣出身。本身出身貧寒，身體健康就有點問題，加之後來跟隨孔子一路奔波，車馬勞頓，又嘔心瀝血、徹夜不眠的整理經典古籍。那個工作可不是那麼簡單，整理古籍要通古文字，所有殘片都要歸納、總結，非常的不簡單。包括孔子對《易經》的解讀即《十翼》這些文章整理工作，全都是顏回做的。二十九歲時，顏回已經滿頭白髮，因為太費腦筋了，體力活動和腦力工作相比，腦力工作耗費的精力和能量更是厲害，所以二十九歲頭髮皆白，四十歲就累死了。

顏回四十歲離世，是孔子這一生最悲傷的事。所以孔子在《論語》裏不斷的講，顏回走了……顏回走了，我失去了最得力的助手。顏回一生沒當過官，自己沒寫過書，但是如果沒有顏回，就沒有儒學這套體系，孔子的五經，詩、書、禮、易、春秋，尤其是《易經・十翼》，是對《周易》的解讀，其實都是在顏回整理的基礎上，孔子在晚年又做了整體系統化的整理，才有了儒學經典的存世。

　　所以，顏回不作官，立志協助師父孔子，將這一整套上古遺留的經典整理出來，這就是他的志向；自己不出書不立說，完全是以師父孔子為導向，自己也不出名，所以即便是研究孔子、儒學的人，對顏回都不是很瞭解。顏回一生不為自己的名和利考慮，直至鞠躬盡瘁，死而後已。所以顏回此人很了不起，孔子評價他為七十二賢人之首，意即他是孔子眾弟子中的大徒弟。大徒弟即是最忠誠的、心無二志，學得最好的。為什麼能夠學得最好？就是因為忠誠。

第二節
百煉成鋼最怕中途火停
筋骨成形江湖博採眾長

學習各個法門、各個門派的理法，都是有階段性的。開始學習時，無論是從佛、道、儒等任何一家入門，想要開始修行，入任何一門都沒有關係，任一門派都有明師。找到明師之後，如果想在這一門有所成就、有所造就，並非取決於是否聰明、領悟力強弱、有沒有舉一反三的能力，不是那些因素。其實，找到一個門派，找到師父以後，第一重要的是一門深入，這是以後能否真正有所造就最基本的前提。但是，要想做到這一點太難了。因為人性貪婪，看著碗裏想著鍋裏，手中拿到一碗肉，但是拿到即不珍惜，總是看著別人碗裏的好，總是覺得別人的肉比自己的好，這就是人性。

所以古時進入一個門派，即所謂上山加入一家門派，三年五年，甚至十年八年，不許下山，為什麼？就是完全

與世隔絕，不允許與門派以外的人溝通、聯繫，喝酒、吃飯、聊天都不允許。不管學什麼，開始打基礎的三年五年，或者十年八年，師父一定都是這樣要求。現在的人沒有那種福報了，拜師以後不可能做到在山上跟著師父三年五年；再把手機沒收，家人不許聯繫，專心跟師父學習十年八年，更加不可能。現在的人，手機沒收三天，就痛不欲生。為什麼要把手機沒收？就是讓你的心靜下來。

古人沒有手機，入一門派，跟隨師父上山修道，十年八年別想見到親人，老婆孩子也十年八年都見不著，修不成別下山。三年修成，三年下山；五年修成，五年下山；十年修成，十年下山。姜子牙在昆侖山上修行，童子時候就入了昆侖山，快八十歲才得修成，師父才放他下山。其實就是因為功夫尚未學成之時，怕受其他門派影響。

正如鍛煉純鋼，礦石從山上開採出來以後，即使礦石的資質再好，也得經過烈火不斷的烤、不斷的煉，還得用重錘鍛造，千錘百煉，如此才能最終成為一塊好鋼。然而煉鋼之時，最怕就是中途火停，或者中途把還未成鋼的礦

石從爐中取出晾涼，甚至浸入水中，過段時間回來再煉，之後又取出入水浸涼，反覆如此，這塊礦石資質再好，也永遠都煉不成鋼。而且來回反覆幾次後，這塊礦石就廢了，永遠也成不了鋼了。

學功夫、修行，也是一樣。無論是從佛法入，從道法入，還是從儒學入，本都可以，條條大路最後都通向羅馬。但是從任何一門入了，找到師父的時候，一定記住一門深入，不能再受外界的影響。比如，學武當內功、武當拳，即所謂十年不出門，意思就是要想學武當內功，沒有十年的功夫練不成，也打不倒人，甚至根本不起作用，十年內天天練內功，也看不出效果。但是如果學少林，三年就能打倒人，少林練的是外家功，見效快。然而，少林三年打倒人，武當十年不出門，到底哪個好，哪個不好呢？其實長遠來看，十年以後武當內功練成了，出山與少林練了十年的相比，再見高下，如果都練了二十年，更能高下立見。

內功越往後練、力量越強大，外功雖然練得快，但是越往後身體的耗散也越強越快，到年老之時，練外功的基

本都是傷痕累累，但練內功的越老越旺爍，越老越有力量。其實並沒有明確所謂好與不好，外功練到一定程度後，也得轉向內功，內功練到一定程度後，也得加上外功，最後都是一回事，達到一個境界。但是入門速度不同，效驗有快有慢，但並不是不同門派有高有低，只是入門處、入手處不同，效驗也就不同。

比如，拜了武當派的師門，學習內功，學五年其實內力還沒有形成，金丹更沒有練成，基本上還是手無縛雞之力。但是已經學了五年，此時下山，碰到一個少林拳的傳人，才學了三年少林拳，動手比試一下，少林兩拳就把武當的打倒在地，回過神來學武當的會不會質疑，學的武當內功到底有沒有用呢？學了五年還打不過外家拳學三年的，被人兩拳就打倒了，我學的行不行啊，是不是也應該學少林啊？或者覺得武當雖然也挺好，但能不能一邊學武當內功，另一邊同時偷偷學少林外家拳啊？

請各位一定記住，武當學了五年，這時正是半成不成的時候，相當於是半成品，也就是礦石在爐中煉，剛剛開

始煉化，還沒有煉成純鋼，尚未把渣滓煉出去時，既不是礦石，又不是鋼。其實，這個時候是最弱的時候，這時直接從熔爐裏拿出去，想讓其趕快成型，然而一旦心念一動拿出去了，想看一看到底學武當有沒有用，此即謂之質疑，質疑自己的法門，質疑自己的師父，質疑自己的所學。於是，再去偷學少林拳，還不敢讓師父知道，偷偷的這一學，就相當於礦石煉到中途，直接被取出浸入涼水、冰水之中，所謂急切盼望成型。

再回武當山時，不要以為師父不知道你的所做所為，別覺得師父不知道你的質疑，只是你自己覺著師父不知道你偷學少林而已，其實師父都知道。但是你一回山，師父不會對你說什麼，心裏已經知道，你已經廢了。如此狀況哪怕只出一次爐，在冰水中一旦成了一個型，再想回到爐裏重新煉，已經不可能，永遠都煉不成純鋼了。即使以後再經過千錘百煉，能成為一塊鋼，也絕不可能是純鋼。

此即謂一門深入，亦即是學武功、練內功走的氣血，流通的經脈，路有不同，內家有內家的走法，少林拳有少

林拳的走法，詠春拳有詠春拳的走法，《易筋經》有《易筋經》的走法，都不一樣。

按照這個程序走了五年，突然又去學了另一派少林的，猛然一下整體都是逆著來的，雖然自己可能不覺，自己感覺不到，但是氣血已經逆流，再想重新練已經不可能。學武功是這樣，其實學什麼都是這樣。

即使是在世間學知識也是一樣，必須學成一門再學一門，什麼都怕半途而廢、中途改道。所以在修行的過程中，入門到底是從佛、道、儒哪一門都沒有關係，沒有區別，但是一旦入了門，拜了師，就一定要跟師父堅持學下去。除非所拜並非明師，那就另當別論，面對邪師可並不是這樣，一旦認了邪師，還堅定的跟他走下去，那就會很快走上邪路，就下地獄了。

我所說的狀態是，真正找到了明師，那時從哪一門入沒有關係。但是一定記住，入了門就一定要一門深入，千萬不要東想西想、貪心不足。在此提醒大家的，是現在修行人所犯的通病，99.9% 的人都可能犯這種病，貪心不足

蛇吞象。其實不僅現在，兩千五百年前的春秋戰國時期，孔聖人的門生徒弟中，也只有顏回一人能專心在孔子門下研讀，在孔子門下修行，多麼不容易。

有人提問：「老師，不是要博采眾家之長嗎？怎麼又只能學一門了，就只會這一門，是不是太局限了？」

我講的是修行階段，開始的第一階段，因為你的筋骨血脈都沒有成形，這時必須一門深入，必須心無旁騖。而當你真正成形以後，即是已經修成了這一門，就進入了第二階段，師父一定會讓你離開他，讓你下山，此時不想離開都不可以，修成以後必須得下山歷練。歷練什麼？歷練江湖。何謂歷練江湖？即是各個門派都得去學，那時才是博採各家之長的時期。但博採眾長有個前提條件，即是已經修成。意即你這塊礦石，在熔爐裏已經完成鍛煉、鍛造，經過了千錘百煉，純鋼已經煉成，而且鋼已成型。此時，再出去歷練之時，可以變換各種形狀，也就是可以有各種功用，可以做成菜刀、可以做成寶劍、可以做成子彈等等任何功用都可以。那時就看你想怎麼用了，所謂功能妙用

到那時就開始了。

所以第二階段才是博採各家之長，而真正的明師在你必須一門深入的時候，絕不允許你看其他門派的任何書籍，聽其他門派師父的法會講座，也不允許跟其他門派的任何弟子、學員交流。不要以為是師父狹隘，不是的，那是在鍛煉你，一門深入的煉你。當你煉成的那一天，師父一定會讓你下山。如果煉成還不下山，就變成啃老了，在山上啃師父一輩子又有什麼意義呢？師父也不會讓你伺候一輩子，你不想下山也得把你攆下山去。就像孩子長大到十八歲，必須步入社會去歷練，就是這個道理，這就是第二階段，博採各家之所長，不學都不行，必須去學。

當你煉成之後，再學別家門派的時候，你的主心骨已經有了，不會再被邪師、邪法、邪派帶向深淵。那時你就能看出其他門派所長是什麼，所短又是什麼，應該吸取什麼，又該摒棄什麼，不該接觸什麼，就全都知道了。在博取各家所長的過程中，就能形成自己的一套風格，從而逐漸形成自己的體系。此時進入第三階段，即自己可以開宗

立派，自己的體系就形成了。

如同王重陽全真派培養的全真七子，就是這樣鍛煉出來的。王重陽的兩千弟子，除了全真七子，其餘的全都荒廢了，都沒有成形、沒能煉成，只有這七人一門深入，學成全真派一門真功以後，下山歷練多年，在全真派的基礎上形成了自己的一套體系，最後各自開宗立派，弘揚全真派的理法。這就是我們修行的三個階段，非常重要。

所以，現在大家就知道、理解了，為什麼孔子三千門徒只有七十二賢人，而其中真正能習得精髓、有所成就的只有二、三人。並不是這兩三個人多麼聰明，也不是因為他們天生就是聖人、賢人，無論曾子或是顏回，一定都是一門深入。那時候孔子並不出名，也還未稱聖人，大家懷疑、質疑、比較，都是有可能的。但是在這個過程中，堅持下來的人，即修行成聖，所以曾子、顏子最終成聖。如果東學一派、西練一門，沒有任何一門深入，最後肯定什麼都不是。七十二賢人尚且可以留名，而剩餘那兩千九百多弟子，名都沒有留下，也還是一生碌碌無為、泯然於眾。

他們的確曾經拜聖人為師，跟聖人學過，現在再看他們，是不是追悔莫及啊！

有人說：「老師，現在想一想當然後悔了！但那時候也不知道孔子就是聖人啊，如果知道孔子是聖人，我也肯定早就跟他一門深入，專心學習了。」

請你放下吧！現在真正的聖人你能看出來嗎？現在你的師父是不是聖人，你也不知道，說不定他千年以後就是聖人。所以，如果你現在有師父了，已經拜師學法，一旦你認了這是明師，你就得秉持住，跟隨師父一門深入的修學。不能再東張西望，今天修修密宗，明天學學淨土宗，後天練練茅山道術，隔天又練練印度瑜伽，再練練靈魂出竅、金針通脈，各個學派都摻和，東奔西竄、左衝右突，最後把自身的氣血全都打亂，還談何健康、談何破障？肯定滿身都是障礙，而且越修障礙越多，如何改變命運？只會把命運越改越糟，不斷落入深淵。因為修行最基本的都沒有掌握。

有人說：「老師，我只想學管理學，不想修行。」其實，

學什麼都是一樣的。管理學，可以從西方管理體制、現代管理學入門學起，也可以從東方智慧學起。都可以開始學，從哪裏入門都可以。但是無論學哪一門，都必須得把那一門學精了、學通了，然後再學其他。如果認為學習西方科學就是好，那就先將其學精、學通，這完全可行。如果西方的學了半年後，還沒學明白、沒有用好，甚至還不會用，突然又發現東方大智慧真好，轉而學習東方大智慧，西方的完全不要了、不學了，其實也可以。意思就是，如果你確認自己所學的西方科學知識不究竟，同時認為我們中華、東方的大智慧真的究竟，那你就踏實自己的心，好好學習東方智慧，不要再變。

不要東方智慧學兩年後，又感覺西方的挺好，轉頭跟西方再學一學，東方的也放不下，西方的也要學，古埃及的也嘗試，古印度的也認為不錯，全都涉獵一點。如此下去，早晚全都學廢，最後一生虛度什麼也不是，什麼也沒學成。

奉勸各位讀者認真理解。因為我是過來人，這些路即

所謂那三個階段都是我走過的，已經經歷的過程，期間見到太多修行中途改道、半調子的，甚至基本 99.9% 的修行人都是如此。而半調子的基本都是聰明人，都是博覽群書的優秀之人。包括我的弟子，已經拜我為師，本來我有無窮無盡的、那麼多東西要教給他們，勤奮刻苦的學都學不完，哪還有心思今天學學這，明天搞搞那，後天又練練別的。折騰的都是沒用的，最終折騰的對本門理法開始質疑。本門所傳還沒學明白，就覺著別家神奇，又四處亂學，學著、學著自己就學得半調子、半途而廢了，後面全身氣血紊亂，各種問題障礙不斷呈現。

　　所以一定要注意，無論是否是我的門下，有緣讀到本書，我在此講明這個理。學什麼都是，甚至學廚師，也是這個道理。想學做魯菜，拜了一位魯菜大師為師，學了不到一年，還沒學成，聽說粵菜廚師賺錢更多，馬上就去學做粵菜，後來粵菜還沒學成，又覺得川菜更好找工作，又去學做川菜。這樣經過十年八年，問你是做什麼菜的廚師？回答是什麼菜都會做，其實做什麼菜都不精通，那就什麼都不是。

這種人其實就是貪。為何不能一門深入？因為這山望著那山高，也就是貪，反而對拿到手中的不珍惜，這就是人性。得到的反而不珍惜，無論曾經花費多大的代價，一旦得到了，都是不珍惜，而凡是沒有得到的，天天想著如何能夠得到，然後不斷的去嘗試，人性就是如此。

　　想學什麼，不管是出世間的修行，還是世間的知識，都要記住這一點，一門深入。下定決心學了就別去變，要一門深入。其實只要認真想一想，無論學什麼，先不說成為大師級，即使是學成專家級，也必須每天專門鑽研八個小時，至少學習十年時間，才能學精這一門。如果想成為大師，也得三五十年一門深入才有可能。

　　為什麼世間大師如此稀少，甚至專家都很少呢？這麼多聰明人，是不是一生都是這樣，學什麼都學不透，不僅學不透，而且到任何一個平臺，都看著其他平臺更好，都想去更高更好的平臺。或者在任何公司都很難堅持到十年、二十年，總是在變，總是在換，最後到退休那一天，回想這一生的學業、事業，發現自己做了很多事，但是一件都

沒有做成。

　　其實每個人都很聰明，沒有人真的蠢笨，只是自己的模式在沒有師父引領時，自己真的不知道，每次都覺得自己做的是對的。平臺不斷的換，老闆不斷的換，行業不斷的換，東做三年，西學三年，人一生能有幾個三年？學任何東西、做任何事情，沒有一種長勁，沒有一種堅持，這就是我們不成功，成為不了聖人的非常重要的一項原因。

　　所以，我們要想成功，成功者必有成功者的模式。世上任何成功者一定是這樣的模式，堅韌不拔、一門深入。這是所有成功者都具備的共性，尤其是在修行過程中更是如此，認準一門，就不要再去想、不要再去看別的門，把自己這一門真正研究明白、研究深、研究透。等到師父真正告訴你，要你去歷練江湖，要你去博採眾家之長的那一天，你就可以下山去看、去學其他的法門了。師父沒有說話的時候，你一定記住，即使自己覺得自己再厲害，也不要去走那條自以為是之路。

　　好好理解我這段話，不要覺得自己好像已經學得不錯

了，甚至覺得都學成了，覺得自己都可以做師父了，其實你還很渺小，真的還不知道修行領域有多深。剛剛的話題即是在講，宗聖曾子為何能成為五聖之一，復聖顏子為什麼會有造就？雖然顏子嘔心瀝血，四十歲過勞離世，但也並稱為儒學五聖之一，其實對我們有很深重的借鑒意義。

第三節

儒學八門孝之門是正宗
一生事業學練改變命運

　　儒學五聖之宗聖曾子，十六歲就開始跟隨孔子學習，年紀很小時孔子就親自帶著。歷史記載，曾子二十七歲時，孔子就去世了，一共跟隨孔子身邊學了十一年，但透過這十一年的學習，他就得到了孔子的真傳。

　　曾子一生學習儒學，最堅守的就是孝道，是以孝入儒學之門。因為秉承孝悌之道，所以孔子親口評價曾子得到了真傳，把孝真正理解透了，把孝真正踐行到位了，所以曾子是以孝入儒學、以孝入道。

　　《孝經》就是曾子和孔子的對話形成的經典。為什麼是曾子而不是與子貢對話孝道呢？因為曾子對孝最有感悟，修得最好。所以，這部《孝經》是孔子對曾子言孝，傳予曾子《孝經》，即是孝之道，也就是把儒學的精髓傳給了曾子，因此曾子才成為孔子認可的二三人之一。

孔子的門人中，有研究《易經》的、有研究《詩經》的、有研究《周禮》的、有研究《尚書》的，那些都得不到真傳。而曾子透過踐行孝道，得入儒學之門，得了儒學之精髓，得了孔子之真傳。亦即透過孝入了儒學之道，那他是否通易，是否通禮，是否通詩呢？一定全都通了，此即謂入了儒學之道。入道以後，一門深入，入道以後，一通百通。

　　此即曾子之所以得了孔子親傳之精髓，之所以得了儒學之精髓，就是因為他從孝道入門。而後曾子方得傳授子思，也是孔子授命於他，信任他教導自己的孫子。因此，子思也是由孝而入儒學之門，然後子思又傳給了孟子。孔子傳曾子，曾子傳子思，子思傳孟子，這一路傳承下來，即所謂曾子的孝道文化。

　　儒學分為八個門派，即儒學八門，曾子是一門、顏子是一門，是謂曾子之儒、顏子之儒，其重點、重心不同。此八門即是儒學的傳承，其中曾子所傳即是孝之門，這一門是儒學之正宗。

　　這就是我們之所以學孝，之所以學《孝經》，也是為

何儒學六藝之後我們首先從《孝經》開始講授儒學經典的原因，因為我們所修的儒學一門，就是孝道之門，亦即曾子之儒，從《孝經》、孝道開始，延伸至詩、書、禮、易、春秋，再延伸至儒學十三經。整個儒學體系，就能夠一點一點的掌握了。

做任何事情，修學任何理法，一定得有根，同時還得有脈，有根有脈、脈絡清晰，就能夠知道我們傳承的體系是什麼，於是我們在修行時就能夠按部就班，按照階段一步一步的修，最後就能真正修成。

如果書前讀者尚未看過我其他的系列書籍，可能會有疑問，我們講授國學大智慧、中華文明文化，為何一直在講儒學呢？毋庸置疑，我們的国學智慧、中華文明，博大精深、寬廣恢弘、包羅萬象，無數扇門都能通向中心的智慧寶藏。但是要想真正進入中華文明的智慧之門，我們總得選擇一扇門，無論佛、道、儒，還是兵法、帝王學、醫學，甚至從琴棋書畫茶，都可以進入，這些都是大門，只是我們必須得選擇一門走進去。入門之後真正修精、修通了，

修行徹底了，就會觸類旁通，就會到達中心的寶藏，此即所謂條條大路通羅馬。

但是，那麼多門，我們到底選擇哪一扇呢？應該還是希望選擇那扇大門、正門進入吧？所謂正門就是正道，正道的意思就是大路，大路的意思就是平坦，同時有很多人都在走，而且是很多人都走成功的路。我們肯定希望找到這樣一條路，即打開大門，進入正門，而後一路皆是通途，直接到達核心。

我們不希望，也不要僅僅找到一條小路、一扇小門。比如，學風水也能到達最後的核心，但那就是小路，走小路不是到達不了，也能夠到達，但是中間山路崎嶇、坑坑窪窪、陷阱密布。在小路上走，成功的人少，艱難險阻多，好多人在小路上迷路，真正能經過那條小路，走進那扇小門，最後走向核心，找到寶藏的人，歷史上寥寥無幾。你願意走那條小路嗎？我也不可能帶你去走那條小路。

此處之理我要為大家講明白，國學大智慧、中華文明十分寬廣恢弘，也特別寬泛。為何從儒學開始學起？就是

因為儒學是一條正路、一條大路、一條坦途，是一條光明之路、最好走的路。前人已經有無數的成功者，甚至可以說，絕大多數有成就者、成功者、修行有成的人，都在儒學這條路上。所以我們走這條路，心裏就不緊張。最好走的一條路，我們為什麼不走呢？此即為何帶領大家從儒學入門。

學習儒學有八個門派，即儒學八門，我們要選擇其中的一條正宗之路，即最中間的這條正路，也就是最好走的一條路，這條路通向的大門，是所有門派通路上最大的一扇門，打開這扇門，門裏即是通途，直接通向真正的中心寶藏，這扇門就是孝之門。所以，學儒是從孝開始起修起學的。

剛講到開篇六個字「仲尼居，曾子侍」，為何就講了這麼多？因為說到孔子和曾子，我得把儒學、《孝經》的淵源、脈絡講清楚。如果我不為大家講述，各位可能都不知道儒學還分這麼多的門派，儒學還有這麼多的傳承講究，可能認為儒學不外乎就是經典、道德仁義禮智信、三綱五

常等等。其實就是為了糾正大家對儒學的認知，真的不是那麼簡單。

儒學是我們中華文明的主流，中華之所以能夠上下五千年文明不斷，大漢民族之所以能夠繁衍不斷、生生不息，數千年屹立於世界之巔，儒學起了至關重要的作用，儒學是中華文明文化的根基所在。

學習國學，其中無論學習什麼，都必須把儒學這套體系首先研學明白，然後才能觸類旁通，繼續再學習兵法、玄學、陰陽學、醫學等等。儒學如果沒有學好，其他任何學問都不可能學得好。儒學是根基、是脈絡，而且是主脈。如果主幹道尚且不明，支脈絕不可能理得明白。

例如學習醫學，不要以為把《黃帝內經》看明白，醫學就真的明白了。剛剛我說的意思就是，如果儒學沒學明白，根本學不懂《黃帝內經》。《黃帝內經》中的所有規律，其實都是儒學揭示出來的，都在儒學之中。其他學問亦是一樣，所以儒學是主流，其他的都是支脈。再如，也不要覺著通讀熟背《孫子兵法》、《三十六計》，就能成

為軍事家！也錯了，儒學學不明白，兵法絕無可能學得明白，因為兵法裏應用的都是陰陽五行的至理，即所謂術數，類似公式一樣。而這些至理、公式的講解，也都在儒學體系之中。然而，一旦把儒學體系真正學精、學透了，再去學兵法、玄學、陰陽學等等各種學問，都會容易得很。

儒學之中包含著顯學、玄學、心法三大部分，儒學經典講的是宇宙自然的規律，即謂顯學，所講的都是正知、正見、正觀念，先通顯學，掌握了規律，轉變成正知、正見、正觀念，這就是學習顯學的重要性。

玄學，即是所謂的陰陽學，其中包括我們平常所說的「山醫命相卜」。這些都是玄學的內容，必須得修學，必須得通達。並非僅僅學會顯學，知道一些理，有了正知、正見、正觀念，就能夠成功，那是不可能的。只知道理，不知道怎麼用，根本不可能成功。必須得是，知道理的同時，還得會用術，所謂的術就是玄學，即顯學的理通了，還得學會玄學的方法，而顯學、玄學就形成了一個太極。如此才能成為一套完整的體系。既有理又能用，既有道又

有術，此時才有可能成功。

　　然而，掌握了顯學和玄學，這些都只是助行，不是本體。要想獲得長久的成功，即昇華、圓滿，必須還得掌握心法，心法即是本體。所以，顯學、玄學、心法缺一不可，必須都得學，都得通達。顯學、玄學、心法都通達以後，才敢於說我能夠找到自我，能夠掌握自己的命運，能夠圓滿自己的人生。那是一個艱苦卓絕的學習和訓練過程。

　　不要簡單的幻想，跟老師學習三年五載，就掌握了自己的命運，然後想發財就發財，想當官就當官，想作神仙就成為神仙，那是做夢。要學的東西太多了，顯學、玄學、心法三大部分，必須得在熔爐裏煉，邊學習邊改變，想脫胎換骨豈止三年五載可得。現在我的弟子中就都有人狂妄得很，還沒學到三年五載，就總是質疑，為什麼我還沒有改變自己的命運呢？學了我不就能發財嗎，我的命運不就能夠改變嗎？已經學了三年，我的命運怎麼還沒改變呢，老師教得行不行啊？

　　有什麼神奇的學問，能夠一開始學習，立刻徹底改變

你的命運？三年五載能學到什麼深度？能實現入門就很不錯了。更何況這三、五年你是一門深入、精進修學嗎？不一定。每天能用八小時專門刻苦修行嗎？三年過去，真正用在修行上的時間能有多少？天天滾滾紅塵，一天一小時的修行都不一定能保證，別說僅僅三年時間，再過三十年你可能都還沒有入門，自己想一想是不是這個道理。

這套智慧體系，恢弘廣大，要用一輩子去學、去練。一旦真正學成，不僅自身受益，你的家族、子孫、世世代代都會受益。但是修行並不簡單，這是要用一生去堅持的，正所謂活到老學到老，邊學邊練，我們的命運就在學與練的過程中，在這種煎熬與煩惱的過程中，在這種磨難的過程中，潛移默化的轉變。不要總是急功近利，凡事急不得，更何況這是要用一生投入的事業。

第四節

世間面對是真正修行
滾滾紅塵中巋然不動

經常有人會提問：「老師，學習這套儒學體系做什麼用，怎麼用呢？」

孔子究竟告訴他的弟子學儒何用，孔子希望他的弟子在世間如何去做？孔子的本意即提出學好儒學體系，第一入仕當官；第二，若不想當官，就當老師，設堂講課，傳播文化，教育後人。這就是孔子對弟子的要求，希望弟子做的兩件事，商業買賣就放下吧。

有的同學一聽一陣緊張，「老師，那我現在的企業就不能繼續做了嗎？」不是的。現在你正在做的事，該做就繼續踏實的做，但是當你修行真的一門深入到後面的階段，基本上只有這兩條路，不是不讓你走其他的路，而是你自己就不想再做其他的了。

有人還是緊張疑問，「我如果不做生意了，我的生計

問題怎麼解決呢？」

　　你還在為生計緊張思慮，所以你還是為了生存，才做這件事。事實上，當你真的通達儒學體系那一天，真正有所感悟，真正通透的時候，生計根本不是問題。

　　你天天只是想著賺錢，然而現在經營一家企業能賺多少錢，先不談賺錢，能夠不虧錢都很難得。每天拼死拼活、累死累活的賺錢，一旦來一次疫情，能做到不虧嗎？但是真正掌握了儒學體系，首先即是不愁生存、不愁所謂賺錢問題，人們會真的心甘情願的把錢捐贈出來。作為師父傳授弟子，弟子真正學有所成，有所收穫、有所成就，會忘了師父的教誨和恩德嗎？師徒之間的供養是自古至今堅持傳承著的，歷史上也沒聽說過，哪位明師缺衣少食。真正修行得道之人、修行有成之人，任何情況下也絕不可能窮困。這類人想要榮華富貴非常的簡單，甚至可以稱為伸手即來，但是他們看透了這些，不會把精力、注意力放在物質生活上，但生存絕對不是問題。在此對大家講說的，都是我的肺腑之言。

關於學儒的用途，第一當官，第二講學，是孔子親口所言嗎？是的，《論語》中有一句，「仕而優則學，學而優則仕。」仕即仕途，學而優則仕，大家都很熟悉，其實前面還有一句即是仕而優則學。

學而優則仕，指學習好，即學好這套儒學體系，第一就要入仕當官。這是真正有意義的修行，儒學修行就是講究在紅塵中修，出去當官，當官就不是修一人了，任何一個決定都會影響萬民，此時積的功德有多大。官場上爾虞我詐、血雨腥風，在其中歷練，相當於戰場上練武功，再看練成得有多快。此即所謂，大隱隱於朝。

中隱隱於市，即設立、經營企業，做生意、做小買賣，或者做個企業高階主管。小隱隱於山，則是最沒出息的，也就是在山上自己修行，所謂清清靜靜，或者在廟裏修行，躲開人世間的煩惱，其實最差的修行者才會走這條路，不願意面對紅塵滾滾、血雨腥風，甚至可以說是不敢面對。正如現在一些所謂的修行者，在終南山，或者其他山上隱居修行，這其實都叫做避世，而不能稱之為修行。避世者

逃避世間的責任，逃避世間的煩惱，真正的修行一定是在世間修。

大隱隱於朝，真正的大修行，就是入朝當官，面對諸多的誘惑，面對物慾橫流，面對權利欲望、呼風喚雨，可以面對你的一切，那時還能保持自己那顆心的中正不阿、光明磊落，才是真正的大修行。

而前一句仕而優則學，意即是如果真的當了官，不但官要當得好，而且不能影響、荒廢了教學事業。亦即是既作大官，又要培養自己的學生。

有人很詫異，「老師，這怎麼可能！當官的每天累成那樣，每天都那麼辛苦，怎麼可能培養學生呢？更別說當老師、作師父、教徒弟了！」

但事實恰恰正是如此。這就是聖人為我們指出的路，仕而優則學。此處之學不是指學習，而是教學之學。

歷史上有沒有這樣的人呢？當然有。舉例說明，晚清第一名臣曾國藩，官至兩江直隸總督、武英殿大學士、一等毅勇侯，一人之下萬人之上，大權在握獨掌兵權，但還

是一直在培養自己的學生。曾國藩在為官用兵過程中，不斷領悟儒學體系，一通百通，形成了自己的一整套觀點，不僅傳予自己的子孫，還要教授弟子門生。

古之官員，其實很多都有門生。宰相有宰相門生，一般是指科舉考試中，宰相閱卷之時相中的人才，點為進士，這些被相中、點中的讀書人，就成為他的門生，即所謂宰相門生。更高的，還有天子門生，所謂天子門生，意即皇帝在大臣選好的試卷中翻閱，最終相中三人，皇帝認為是最好的，天子欽點，即所謂金榜題名，狀元、榜眼、探花，這三人就是第一、第二、第三名。因此，皇帝也有門生，宰相也教弟子，每一層仕途官員都要帶弟子門生。

但是，現在的官場基本已經不是這樣，哪還有省長、部長還帶幾個學生，都已經沒有了。現在的官場狀態，變成認的就是當官的權力，是部長那就阿諛奉承、溜鬚拍馬，做什麼都可以，反正都是利益交換，等到不當部長那一天，退休當天就不認識了。所以官場的真實景象，即當權之時，門庭若市、車水馬龍；無權之後，立刻門庭冷落車馬稀，

所有人好像瞬間不認識了。

很多退休高官還在感慨，「這些人！當年我對那麼多人都有恩有助，現在他們誰都不記得我了。」

其實不必感慨，本即世態炎涼。但是古人不是如此，權利即使沒有了，比如曾國藩，已經不在朝廷為官，依然不會門可羅雀，不可能門庭冷落，還有眾多聚在他周圍的人，此時聚來的都是何人？就是他的門生弟子。「您雖然不是宰相、大學士了，但依然還是我的師父。」因此而聚。

自古以來，師徒之間的關係甚至勝過父子，這種關係也是超越利益的。由此可見，古人真是在做任何事情的時候，把人情人性都考慮進去了，其實同時也將這套昇華的心法，考慮在其中了。這就是聖人為我們安排的路，給予後世的儒家弟子們，後輩的子子孫孫，安排得非常之好，既可以建功於國，又可以立功於身，還可以立德、立言，傳承後世。

儒學體系的學習，及其現實的應用，不排斥功成名就、光宗耀祖，絕不排斥成功。但是同時，又能把這套學識、

修養、道德，傳承於後世，這才是我們真正學儒的意義所在。因此學儒之用，正如那句俗語所言，「不為帝王即為帝師，不為良相即為良醫」，或者入朝當官，甚至做帝王都可以，這套學問體系其實就是一套帝王學；不當官做帝王，就去做帝師，即是最高的老師，透過指導帝王影響整個國家，也就是用智慧影響國家；或者輔佐帝王，成為一代良相；不想操心費力、爾虞我詐，那就成為良醫、神醫，護佑一方、萬民敬仰，而且獨善其身，同樣也可以。

真正的入世之道，對現實真正有指導，能夠在現實中實現功成名就的，一定是儒學。儒學是最大的修行、最圓滿的修行、最直接的修行。自古以來，從漢開始一直到現在，實現成功、修行有成的人，所學最多的一門學問，就是儒學。而儒釋道都強調定，儒講知止而後有定，佛講甚深定境，道家講鬆定靜，然而真正的定究竟是在哪裏定呢？

所謂大隱隱於朝，即身在朝廷，在朝中當著大官，煩惱有多少，血雨腥風有多猛烈，在這樣的狀態下，還能巋然不動，這才是真正的定。天天無數的煩惱、無數的利益、

無數的誘惑在我身邊圍繞，與我相關，但是我依然能保持自己巋然不動，我的心始終如如不動，這才真正是定。真正練的是這樣的定。

所以，一定要真正學好儒學之體系，古為今用。其實自古以來，中華歷史自漢開始，儒學就是文化主流，儒家的大儒基本上就是社會的主流，推動著中華上下五千年的發展與穩定，一直到現在。這是儒學體系這套文化不可磨滅的貢獻，是中華非常重要的瑰寶。

而儒學經典之中，包括儒學的先哲、各朝各代無數的成功者，都在為我們指路。剛才說到，上下五千年中作為高僧大德真正對社會有影響，所謂實現成功的，根本沒有幾個，一隻手都能數得出來。而儒學的儒生，對社會、對國家、對民族有貢獻的，同時既積功累德，又福澤延綿的人，每個朝代都能舉出很多真人實例。尤其自漢以來，在改朝換代、撥亂反正的過程中，儒生對社會的貢獻多麼巨大。再看看歷史上幾個著名的盛世是怎麼來的，天下如何繁榮富強，又是如何長治久安的，是否都是儒生所做的貢

獻。好好研究歷史即可發現，我在此並非評價儒釋道之間的優劣，其實都好，說的都是一回事，但是掌握不深、掌握不透，也就理解不了。

了解清楚《孝經》的大背景，亦即是儒學的重要性。既然知道《孝經》是孔子和曾子師徒二聖的對話，究竟《孝經》是誰寫的，歷史上一直都有爭議，如果說是孔子寫的，那孔子稱呼自己的弟子，不應該稱曾子。「子」即先生，曾子是後人對曾參的尊稱。由此可見，不一定是孔子寫的，同樣也不應該是曾子寫的，因為他也不應稱呼自己為曾子。也有一說是曾子的弟子寫的。其實究竟是誰寫的並不重要，也無法考證。大概率還是孔子晚年親自所寫，因為從經中的語言來看，應該只有孔子本人能寫得出來。

孔子之所以寫出自己和曾子的淵源，就是為了表明孔子傳給曾子孝道文化，即將孝傳予曾子，而孝又是儒學之正宗一派，即稱為曾子之儒。這一派以孝入門，是儒學八門中最正宗的一脈，一脈出了四位聖人，除了復聖顏子，剩下四聖都屬於這一派。

第三章

復大漢之精神
與中華之偉業

第一節

儒學經邦濟世又昇華圓滿
智慧孝道世界唯中華獨有

　　由《孝經》緣起，我們一起交流、探討中華之孝道文化。孝文化本身就是中華儒學體系的根基，是最重要的。我們學習儒學，離開了孝則不能稱之為儒學。儒學不僅僅是一些經典、名句、之乎者也的文章，而是有一整套體系的。要想真正實踐儒學，一定要從根基開始，根基打得越牢，大廈才能建得更加穩固。

　　儒學，不僅僅是一套學問，不僅僅是一套智慧體系，更重要的在於儒學是經邦濟世之學。真正的儒學是最實用的，中華民族幾千年來，在一直不斷實踐應用儒學的過程中，創立、建立並傳承著我們輝煌璀璨的文明。中華文明離不開儒學體系，因此儒學是經邦濟世之學，是最重要、最實用的科學體系。

　　同時，儒學也是我們個人修為、修行，實現昇華的一

整套體系。其實這是不可分割的，既可以自我修行、心靈成長、內心圓滿，同時又是經邦濟世之學，是我們中華文明最重要的一套完整智慧體系。

《孝經》是儒學十三經的基礎，我們即是從儒學精英教育之道切入，進入《孝經》的講解。在之前的《中華文明真相》系列書籍中，我們講述了中華文明的淵源，知道了中華文明如何而來、從何而來，中華幾位聖人的本質是什麼，之所以成聖究竟做了什麼貢獻。

現在我們正在講述中華文明的脈絡，脈絡之中最主要的就是儒學，這是中華文明的主流。儒學的重心在於教養之道，也就是這套體系我們如何傳承，如何傳播，即是由漢唐精英教化之道是從哪裏開始而切入《孝經》講解，由此也開始了我們國學大智慧系列課程的延續，梳理中華文明脈絡。

前面詳細介紹過大漢時期這一整套精英教育體系的構成，是從儒學六藝開始，也講解過，大漢時期七歲的孩子入小學學習《爾雅》認字，認字之後首先學的就是《孝經》，

我們也正按照漢朝精英教育的順序來介紹，而大漢時期如此編排教育課程，是有其深意的。

其實，一套國學大智慧學習下來，先不說會對國學有多深的瞭解，但是基本上心思用在孩子教育上的父母，都會有很大的受益。認真瞭解中華的精英教養之道，知道了漢唐時的中華精英如何教育，並應用在現在的孩子身上，就會覺得受益很多，孩子也會受益很多。

為了進一步理解，我們在此比較一下東西方的教育體制。漢時教育的課程順序，首先七歲開始學習《爾雅》識字，之後是《孝經》，再以後學習《論語》，即在室內學習人倫之道，一直學到十五歲。同時，七至十五歲，還在戶外教授儒學六藝，即六項戶外活動、六項運動，禮樂射御書數。透過這六項戶外活動，孩子在娛樂中學習禮儀文化、溝通之道、成功之道、管理之道、帝王之學，包括自然學科，都包含在儒學六藝之中。

學好這些，既有自然科學的知識體系，又有如何做人即人倫之道，同時又有如何做事，即溝通之道、成功之道、

帝王之學等，十五歲之前的孩子已經學了這麼多，不僅在智商上有所鍛煉提升、逐漸成熟，同時在情商、心智上也都有所昇華、有所歷練。

隨後，十五歲到十八歲這三年，著重學習五經，即詩、書、禮、易、春秋，相當於實際案例。如此到了十八歲，在儒學六藝、《孝經》、《論語》等基礎學好之後，又經過五經的學習，講解了大量的案例，比如《春秋》、《禮記》、《尚書》，記述的都是先古聖人如何治理國家、教化民眾的案例，而且是大量的、上古案例，詳細講解碰到具體問題應該如何處理，十五到十八歲就是案例教學。等到十八歲長大成人，步入社會，就會得心應手，直接做事，馬上就可以建功立業。

這就是我們漢唐的教育體系，也是我們現在要借鑒和學習的。現代教育用的都是西方的教育體制，有其明顯的問題所在，孩子七歲開始上小學，一直到十八歲上大學，繼續攻讀碩士、博士，到接近三十歲畢業，都是在同一個領域內學習，即基本都在自然科學的領域中不斷鑽研，把

所有的時間、精力都用在自然科學領域的探索和學習，這其實是種缺陷。

自然科學當然重要，物理、化學、數學，以及天文地理的基礎知識，這些都非常重要。但是，不能把所有的精力和全部的時間都用在學習自然科學上。人倫道德不去學習，你如何做人？做人的標準又是什麼？怎樣做個好人，怎樣樹立自己的理想、建立自己的目標？根本不涉及如何與人交往、溝通的學問，以及成功學、管理學，也就是僅僅涉及智商教育，而不涉及情商教育。

因此我們的教育體系一直在探討，如何進行素質教育，從課本裏超脫出來，課本即是知識教育，而且還有局限性，僅是局限於自然科學。諸如人倫道德標準、為人處事之道、人際交往溝通之道、宇宙自然的真相，這些方面的教育都沒有。這就是現在西方教育體制的缺陷。

中華在大漢的時候，本身就有一套完整的精英教育體系，而且以上這些方面全都包括，是一套立體的體系。之後不斷發展的過程中，逐漸變了味，隨著外族入侵，又經

過一百年前新民主主義運動，不斷進行新文化運動，不斷摒棄傳統文化，到現在基本已經沒有傳承了。

現在的教育基本都是跟西方學，認為西方的教育體制先進，但是西方這一套教育體制，真正在西方沿用也不過兩百年的時間，亦即是僅僅出現不超過兩百年。這套教育體制是否能夠全方位的培養年輕人、社會精英，既開發其智商，又鍛煉其情商？學生從學校畢業，能否直接到社會上做貢獻，能否馬上成熟良好的為人處事？其實我們現在已經知道答案，是不可能的。

現在的學生大學畢業，哪怕博士畢業，也僅在自然科學的某一領域內有所專長，其他的一概不懂。所謂溝通之道、管理之道、成功之道一概沒有，都是二十幾歲畢業，甚至博士畢業快三十歲之後，再到社會上歷練，一點一點的重新學習，四、五十歲學得差不多時，基本上也快到退休年齡了。

現代西方教育體系，對我們的青少年教育，是一種極大的浪費，而且極其壓抑他們的全面發展，最後只看分數。

而自然科學的學習也都是片面的，尤其是當下的中國教育，就是死記硬背，背得功夫好，機械記憶能力強，考試分數高，學習就好。結果現在中國的學生都變成了考試機器，只會考試。會考試也是個專長，但是當你離開校園後呢？考試這套專長能力就用不到了，等要應對社會的複雜局面，需要人與人之間直接溝通的時候，需要使用情商的時候，就不會了，什麼也做不了。

基本上智商很高的學霸，與人交往都不擅長，反而學校裏的學渣，步入社會以後如魚得水，情商很高，人際關係很好，察言觀色、見風使舵的社會能力比較強，好像上學時不用功，心思往學習以外的地方鑽研，反而到社會上都有用。形成現在的一種局面，考上重點大學的高分生，到社會上只是技術人才。技術人才當然不是不好，但我們社會更需要全方位發展的立體型人才、整體型人才，培養出這種人才對社會教育資源才不是浪費，對社會才是真正的好。

我們交流探討儒學，即中華文明文化脈絡，就是從教

養學、教育體系中來的，所以孔子首先是教育家，明確這一點後，我們繼續講孔聖人到底教化什麼，從哪些方面實施教化？他為什麼能夠成聖？為什麼從漢武帝到現在，兩千多年、歷朝歷代都給予孔子及其子孫最高的尊重、最高的評價？為什麼華夏子孫都對孔子感恩戴德？

現在講的內容，其實就是解讀儒學真正的內涵，解讀這套學以致用的儒學體系，這對任何行業、任何領域都有益，都有全面的指導意義和助益，同時也是本書的意義所在。如果是做教育工作的，直接受益；如果是做企業的企業家，就能知道企業應該如何管理、何謂企業文化，什麼樣的企業文化能讓企業人心思安，人心安定下來，企業就能長久，企業就能長治久安。儒學就是圍繞這些展開，如何實現理想，怎麼能夠成功；然後儒學還講授，在世間建功立業的做事過程中，如何讓個人修養、個人修行昇華、達到圓滿，這是一套完整的體系。所以，我們一定要把心放在中華文化上、放在儒學上。

現在很多的修行人，都把心放在佛法上，還有人放在

道法、放在法家，這都不可以，這些都被稱為支流、支脈。有人不理解，「老師，佛法怎麼能是支脈呢？佛法博大精深，是最高的學問。」

我們並沒有貶低任何一門。然而佛法，除非有大機緣，否則佛法雖高，高高在天上，而人在地上，有何實際意義？正如看著天上明亮的月亮，能碰到、拿到嗎？佛法的確好，是圓滿，但如果觸碰不到，又有什麼意義呢？再者，真正的修行一定是在世間修，而世間修最能夠實踐、最現實可行、最接地氣的，就是儒學。儒學是何高度？如果佛法是月亮，儒學真正的高度就是太陽。此言一出，即會引來質疑，怎能貶低佛法？其實真的不是貶低佛法，而是真正瞭解儒學之時，就會知道，到底是佛法包含在儒學中，還是儒學包含在佛法中，就能清楚中華究竟先有儒學，還是先有佛法。

不能認為儒學是原生態，是最原始的文化、文明體系，那就是愚昧的，而不是先進的。更不能因為佛法後來，就超越我們本土的文明，超越本土的文化體系，絕不是這樣。

而且現在的佛法已經不是古印度時的佛法，已經成為我中土的佛法了。其實現在我們中土所修的佛法，就是儒學的變形，亦即是我們的禪。

佛法中最高、最圓滿的禪，就是儒學，只是儒學的變形而已。之後會講曾子所寫的《大學》，那時再認真看看我們講的是不是禪，看看《六祖壇經》是不是從儒學之心法《大學》中延伸出去的。《大學》就是儒學的心法、儒學的宗旨。屆時我們再為大家橫向、縱向比較著看，我們現在學的佛法、禪，根本就沒有離開我們最傳統、最原始的這套中華智慧體系，只是換了身衣服，變了形式而已。

為何要變個形式？因為眾生機緣不同，有的與儒學有緣，有的與佛法有緣，有的與道法有緣。其實，儒釋道是一回事，都是一個理，即是由於眾生機緣不同，有人透過佛法入智慧之門，有人透過儒學入智慧之門，有人透過道法入智慧之門，但最後都是條條大道通羅馬，亦即都是一回事。

如果把儒釋道看作不同，那就是修為不夠，沒有理解

到底儒學講的是什麼，佛法說的是什麼，道法又在說什麼。理解以後就會發現都是一回事，天下學問不出二家，天下學問皆歸一，大道之理沒有第二，此即謂不二法門。要知道中華這套智慧體系，地球上僅此一家。從中華文明的緣起到整個脈絡，一直到現在，包括孝道文化，也只有中華的炎黃子孫有孝文化，其他的民族、國家，知識體系和傳承體系中都沒有。

比如，西方都信上帝，不講究孝，對父母、對祖先沒有孝敬的想法，也從沒有這種說法，西方講究獨立，一切都要獨立。中華則不講究所謂個人的獨立，我們是一個大家庭，講究家的概念，以國為家、以族為家、以社會為家，以家的概念為我們中華的基礎。

西方的個人獨立，中華家的概念，到底哪個更好呢？看著西方的平等獨立很好，每個人都是平等的、都是獨立的，我們現在就在向人家學習。但是，能學到嗎，學得像嗎？而且西方所謂的人人平等、每個人都獨立，是真正可取的嗎？是我們應該學習的嗎？為什麼我們的老祖宗、聖

人們建立的是家天下，以家為社會的細胞，以家庭、家族為社會的基礎單位？為什麼不以個人為單位，不強調人人平等呢？

《孝經》的解讀中就會講到這一點，當然現在講這一點，對於我們現代中國人從小到大受到的教育，非常顛覆。在此先打一個預防針，所謂基本上是顛覆的，就是我們曾經接受的教育認為是對的，其實是有問題的。而我們上古的聖人為何制定這套體系體制？上古聖人既然那麼智慧，為什麼不能夠超前制定現在我們所嚮往追求，且一味崇拜的西方個人獨立、人人平等？這一定要透過《孝經》講清楚，然後就知道我們中華的路應該往哪個方向走，還要不要一味的學西方了。

現在，我們一味的學西方，只要是西方的就是好，因為西方強人，所以什麼都好，西方的月亮都比中華的月亮圓。我們沿用了幾千年的曆法，現在都不用了，改用西曆。甚至我們的文字都在向西方學，服裝早就已經被西方同化，已經沒有自己民族的服裝，包括我們的髮型。髮型和服裝

在古代是非常重要的，對於一個人最重要的就是髮型、服裝、服飾、文字、語言，其實這就是所謂的道統。

有人說：「老師，什麼髮型不可以啊？服裝不是怎麼流行我就怎麼穿嗎？」

其實是不可以的。在古人看來，一個民族有自己的文化，有自己的文明，有自己的傳承，所以一個民族都是這一種髮型。而現代中國人的髮型，都在向西方學，西方今天流行爆炸式，中國全都燙成爆炸式；明天流行長髮，就全留成長髮、大波浪；後天流行短髮，又都理成短髮、平頭，全都亂了。

這在古代是不可思議的、絕不允許的。髮型就是一個，絕對不允許亂；服裝、服飾徹底一變，意味著民族的根沒了，祖宗傳承下來的就被改變了。為什麼要定髮型、定服飾、定文字、定語言，那稱為道統，是不可以變的，現在全都變了。

漢唐時，我們漢族的髮型、服裝應該是什麼樣式呢？有四個字形容，即束髮右衽。古時中原的漢族人，即中華

漢人的頭髮，就像現在古裝片中的髮型，一定都得長髮束起來，平時是不能剪髮的。剪髮相當於削頭，等於把頭剪掉，就像斬首一樣。頭髮也是我們身體的一部分，不能輕易的剪，長了就束起來，有一個髮髻，此即謂束髮。漢唐時穿的服裝都是長袍，左前襟掩向右腋繫帶，將右襟掩覆於內，稱右衽。束髮右衽，從髮型、服裝一眼即可辨認，這是中華的漢族人。

當時我們中原漢族是區別於周圍少數民族的，即東、南、西、北四夷，每個民族都有其不同。比如那時的北方突厥人、匈奴人，他們不束髮，而是被髮，即是披髮，也就是披肩髮，而且腦門之上沒有頭髮，電影中即可看到，匈奴人都是披散著頭髮的。而且他們是左衽，跟我們不一樣，正好是相反的，一看就知道是不是漢族，就知道是哪個民族。

束髮右衽一直傳到明末清初，滿族入關之後把我們的髮型變了，長髮編成了辮子，前面額頭的頭髮都被剃掉，後面留辮子。而且滿清入關後為了髮型殺了很多人，當時

漢族人是強烈反對的，因為髮型一變，意味著祖宗傳承的祖制就變了，道統就變了，這是不可以的，是極大的屈辱。泱泱中華，有漢族文明的象徵，一旦把髮型變了、服飾變了，就會激起全民族激烈的反抗。而清政府即使讓步，也是一點點滲透著改變，反正必須得改，必須根據我的要求來，你的服裝不變、髮型不變，就意味著你不歸附於我、不降服於我，為此殺了多少人，即所謂留髮不留頭、留頭不留髮。

為了此事，中原漢族鬧了多少年，後來還是一點一點的改了，一點一點的變了。雖然滿清入關以後，把服飾變了，把髮型變了，但是語言文字變不了，他們沒有自己的文化，還得用漢族的文化體系，也就是儒學體系，進行管理統治。所以滿清一點一點在儒家思想體系下，時間不需很長，很容易就將整個滿清融入到漢文化之中了。其實，滿清學習漢文化、學習儒家這套管理體系，學得還是挺透徹的，同時重用了一批漢族的大儒，幫他們治理國家，因此清朝有幾代明君，有康乾盛世，也維持了近三百年的統治。但是，滿清改髮型、改服裝，漢族也是經歷了浴血奮

戰，死了很多人，才一點一點的被改變。

現在我們又變成穿西裝了，都是西洋式的服裝、髮型，全跟西方學了。而且這次改變經歷鬥爭了嗎？沒有鬥爭。五四運動以後，滿清滅亡，民國開始，那時是什麼服裝？我們恢復漢的服裝、服飾、髮型了嗎？根本沒有恢復。因此，從那以後就開始亂了，直到現在徹底亂套，髮型亂得什麼樣子都有，服裝也都亂了，千奇百怪什麼樣式都有，民族不像民族，沒有一個統一民族的樣貌、儀態了。

現在很多人認為，僅僅一個服裝、髮型，不會有什麼大影響。其實正是因為不懂文化，才會說這種話。但是對於我們這些研究文化、研究歷史的人，服裝髮型太重要了，是一個民族統一性的代表，是民族統一的外顯，真的非常重要。

其實，即使在現代世界中，猶太人的服飾也都是統一的，都戴著禮帽，一看服裝，就能認出是猶太人；阿拉伯人，信仰伊斯蘭教，即使再熱的天氣，都穿大袍戴白帽或纏頭巾，一看就知道是阿拉伯人，一看就是伊斯蘭教的一套服

飾。

　　他們的服裝為什麼不變呢？他們為何不穿西裝呢？為什麼不追求時尚呢？其實，越是保持著髮型，越是保持傳統服裝，這個民族的凝聚力就越強。還有具備代表性的，現在日本依然保留著和服，在正式的場合，都穿著和服。日本維新西學之後，為何沒有把和服丟棄呢？和服並不是日本人發明的，那還是我們大唐的服飾，日本學去之後，反而一直維持著傳承。日本學了我們大唐很多，而且一直都維持傳承。同時現代日本也向西方學習，也穿西服，但是重要的正式場合依然都穿和服。既不忘傳統，又向西方學習，其實日本很多都是從中華學去的，明治維新以後也要向西方去學，但是傳統可並沒有丟，而且基本上所有的傳統都沒有丟。

　　我們學習儒學體系，學孝文化，會經常提到日本。因為孝文化這套體系在中國已經沒有了，而日本雖不完整，卻還有部分保留。

　　有的同學馬上認真起來，「老師，不是的！我們都想

做孝子，我們中國人都想做孝子！」其實，中國人已經不知道何為孝了，根本沒有完整正確的概念。甚至天天都在想如何反抗父母，如何叛逆，人人都覺得父母是不對的、父母是僵化的、父母是老頑固。我們這一代中國人，自小受的教育就是造反有理。而現在能造誰的反呢？在家造父母的反，出外到社會工作中造領導的反，想想現在提倡的是不是這種感覺？上一代就是這麼經歷的，下一代就受著這樣的影響，經過上下幾代，哪裏還有孝的概念？

現在的中華，現代中國人講孝，根本不是那麼回事。看似大家都對父母挺好的，其實根本不知道什麼是孝，更不要論孝對中華文明、對中華整個社會體系的形成、社會發展、社會穩定，到底有何重大的意義和作用，根本不瞭解。後面我們在講孝如何應用在家庭，如何應用在企業，如何應用在國家管理，會以現在的日本做案例來說明。

有人不接受，「老師，您是講授中華文化，怎麼能拿日本做案例呢？」就是因為現代中華已經失去了孝道，沒有了孝，方方面面都體現不出來，而在日本還有所體現。

我會一點一點的為大家講述原因，的確會有很多顛覆的感覺，你認為應該被打倒、十惡不赦的舊社會餘毒，在此我們講解明白你就會發現，我們祖先傳下來的不僅不是餘毒，而是還包含著太多的精華。甚至可以說，西方還沒意識到，或者尚未發展到這一步，而我們中華祖先的上古智慧體系是超前的，隨後在逐步講解《孝經》的過程中，即可不斷領悟到。

還是這樣講，我的國學大智慧課程體系跟其他的大學教授、國學專家、國學培訓大師，天天講仁義道德禮智信的老師，是不一樣的。我講的國學基本上都很顛覆，可能有同學受不了，那不看也罷。其實還是講究一個緣，有緣人方可承受，才能理解。

至德合大道之理落人間之用
信用社會已危法治管理必敗

回到《孝經》原文，開宗明義章第一，一句「仲尼居，曾子侍。」我們就用了一章的篇幅。下面孔子先開口問曾子，【子曰：「先王有至德要道，以順天下，民用和睦，上下無怨。汝知之乎？」】

孔子閒居在家看書寫字，弟子曾參在旁侍候，師徒兩人經常閒聊，「子曰」，即是孔子對曾參說，「我問你，先王有至德要道」，先王是孔子之前的三皇五帝，伏羲、黃帝、堯、舜、禹，以及周文王、周武王等，都可稱之為先王，也就是上古及孔子之前的帝王。

所謂至德要道，指的是最高境界。何謂最高境界？亦即何謂至德，何謂要道？道德，我們知道是天地運行之規律。但是，道無形、無為，看不見、摸不著；德則是指大道落在人間，即現實世界裏大道的落點、著落處即為德。

至德要道是指最高境界的德，意思就是真正最符合大道之理，又在現實中能夠應用的標準。大家要清楚，此處之德可不是行善積德，不是所謂做好事積德，害人就缺德，那是凡人的世俗理解。

從宇宙的規律來講，有「道德仁義禮智信」，這大家都很清楚、很熟悉，但是這七個字究竟是什麼意思呢？其實是一個社會或者一個人的七種境界。

最高境界，即所謂符合天之道，亦稱為天人合一，這是最高、最圓滿的境界，是我們所嚮往的。然而，失道則有德，失德則有仁，失仁則有義，失義則現禮，失禮則有智，失智最後才是信。

社會的發展就是如此。社會發展的最高境界就是道，符合天之道的社會，是最高境界的社會。當道不復存在之時，社會中的人們都找不到道了，整個社會就開始完全落入人間，著落到了現實世界，也就是到了德的境界。

當社會中的德也失去，找不到了，就會落到仁的境界；之後仁也失去、消失不見、不復存在了，社會則又往下降，

落到義的境界；層層下落，義之後是禮，禮之後再降就到智，智再下降最後落到信的境界。如此即為道德仁義禮智信，七種境界。

其實，人也是一樣。人的道德標準、人的修養，也分為這七個階段，道德仁義禮智信。

那麼我們是否注意到了，現在的社會是什麼社會呢？我們現在稱之為信用社會。何謂信用社會？即所謂道德仁義禮智信七種境界中，最後那個階段，即是最低級階段的社會。

信用社會又是什麼樣的呢？人已經沒有了道德仁義禮智，都沒有了，最後只能憑藉信用等級來劃分人群，也就是如果人不講信用，就會用法律強迫他講信用，現在整個社會都處於這個階段，基本上已經到了整個人類社會的最後階段了。

有人不認同說：「老師，現在社會是最發達的，怎麼能叫最後階段呢？」

人類社會到底是能夠繁衍興盛，還是會不斷衰落、墮

落，都跟什麼因素有關係？其實是與人心有關係，與整體的人的欲望、人的墮落或者昇華，都是有關係的。意思就是，人的境界越低，素質越低，越物欲化，越是貪嗔癡慢疑，人就會越墮落，當墮落到一定程度時，天地都得毀滅人。就是這樣一個道理，當人墮落到最低的境地時，根本就不顧大自然的生態環境，不顧任何動物植物，只是為了自己的一己之私，為了人的一點享樂，就會破壞大自然的生態環境。

其實很容易理解，當整體的人心向上、人心向善，越來越符合天道，都在追求天人合一時，人就會與宇宙自然的生態，與動物植物和諧相處，甚至人類會為了維護自然界的和諧自我付出、無私奉獻。如此我們人類就會與地球的生態，越來越和諧，人類自己也就越來越繁榮興盛。即所謂，我幫環境，環境亦幫我。

如果人很墮落，不斷的墮落，都是為了一己的物欲之私，不顧地球的生態，就為了人的一點安樂，把動物、植物都滅絕了，那隨後滅絕的會是誰呢？一定就是人，就是

這樣的規律。

　　現實世界中亦是如此，如果我們周圍的人際關係狀態，是走到哪裏我都主動幫助別人，與大家和諧相處，沒有那麼多瑣事，沒有那麼多怨恨，也不會為了一己之私而坑害別人，不會不擇手段的你搶我奪，這樣我跟大家和諧相處，大家與我也會和諧相處，我的事業貴人就越來越多。於是，眾人拾柴火焰高，事業就很順利，容易做成。反之，如果跟大家敵對，為了一己之私，不擇手段的做事，最後大家也會全都與我敵對，都會障礙我，我還能做成事嗎？那種境界很差、境界很低，最後受影響、受傷害的一定還是自己。

　　人類社會就是有這些階段性，現在我們所處的信用社會，已經是道德仁義禮智信七個階段中，最低的一個階段了，也就意味著，人類現在其實已經很危險。

　　以前古時候，哪有所謂的信用社會，怎麼會需要講信用的社會？那時社會本來就人人都有信用，人人都把自己的信用看得比生命還重，怎麼可能還需要用信用卡，還要

有信用評分、信用等級？根本不需要。然而，社會就是這樣一步步的敗壞，一步步的墮落，最後墮落到了信用社會，人類也就快滅絕了。

現在動物、植物已經滅絕得差不多了，看看現在還有多少自由的動物、多少植物，再看看現在地球的生態是什麼樣子，已經被人破壞得千瘡百孔。為什麼二氧化碳這麼高的濃度，溫室效應日趨嚴重？人類天天開著空調，全世界的空調都不停的開著，就是為了人類自身感覺涼爽，室內保持著恆溫，結果廢氣、熱氣全部噴到外部環境中，二氧化碳濃度過高，溫室效應隨之增強；同時大量的廢氣如氟利昂（Freon）的排放，不斷把臭氧層耗竭、消除，紫外線輻射不斷增強，一旦臭氧層形成空洞，人類徹底暴露在太陽紫外線輻射下，人就會滅絕。其實就是為了人類自己那點享受，諸如空調製冷廢氣、汽車廢氣等等，天天大量的排放。

享受並不是不對，但是過了就不對，人類得考慮到大自然。中華曾經引領世界幾千年，為何從未引領成現在

的樣子呢？因為我們中華文明一直都強調與大自然和諧共生。西方引領世界才二百年，地球已經千瘡百孔，我們現在還是一味的向西方學，最後的結果就是大家同歸於盡。

地球並不需要人類，是人類離不開地球。不要以為現在科技發展了，能往火星移民，不要異想天開了，地球都理不明白，最終把地球毀了，本來這麼好的生態環境都徹底破壞，人類都無法居住了，到火星又能如何？是去繼續禍害火星嗎？再過兩百年，火星又不適合人類居住了，再往哪裏跑，整個宇宙還能往哪兒跑？關鍵為什麼要跑，何必要跑？如果人類整體的思維觀念不變、行為模式不變，不知昇華，只是不斷墮落，就要毀滅，結果一定就是毀滅。

至德要道是最高的準則、最高的標準。所謂要道即是大道之要領，這就是道統。道統是不變的，是最本質的根，而至德要道就是道統。先王，諸如三皇五帝、夏禹、周文王等先王，王就是指管理者和統治者。「先王有至德要道」，意即先王的統治有最高的標準，符合大道之要領。

至德要道是最高的道統，而道統不變引申出來的即為

綱常。亦即是最高的標準是按照大道之要領，落地於現實所呈現出來的，謂之道統；然後，把這個最高的標準繼續落地，再落地即謂之綱常。綱常其實就是常言之三綱五常，因此三綱五常就是從道統引申而來。

大道之要領落地為道統，再繼續落地即為綱常，進而綱常繼續細化、又再往下落地，就是所謂的倫理。倫理再進一步細化、繼續落地，謂之禮規，即有禮儀、有規矩。至此已經有形了，呈現為有形的禮儀、規矩。然後禮規再進一步落地實際應用，即為法治。所以法治是最低的。

所謂先王，代表那些成功者、管理者，他們要管理眾生，包括作為企業家管理企業，都得懂得這些階段性。首先我們講，作為帝王、作為領袖，要治理國家，必須得懂何為道統、綱常，何為倫理、禮規，以及何為法治，而且必須都得懂得選擇用哪個層面治理國家。

而現在的世界、國家，都用哪個層面治理呢？可以明確說，現代世界、國家、社會基本上都是用法治來治理。

我們已經習慣開口就說，「我們有法治、有法律，不

要犯法。」各個國家都有憲法為基本大法，之下又都有刑法，還有各種各樣的法。當需用法治治理國家的時候，這個國家基本到了即將崩壞的階段。只知道用法治治理國家，有法律、法規制約，人們不能做某些事，做了就依法受懲罰，就被抓起來、關起來，這就是所謂法治。在管理中應用法治，就已經是最低層次的管理，相當於不會管理。可以說用法治管理是管不好，甚至管不住人的。

雖然使用法治，有法律法規，但是不可能把人的所有行為都規範化，法治永遠都跟不上人的變化。無論什麼法，憲法、刑法、民法、經濟法，都是在人的行為之後跟跑。有人犯罪，發現犯了罪也不能依法抓他，因為法律還沒有規定不允許這麼做，然後再加一條法律，修改憲法、修改刑法、修改經濟法，增加法律條款。而人就會不斷想辦法，法律規定的、不讓做的，我不做，但我可以打法律的擦邊球，天天研究法律的漏洞，其實人都是這樣的。所以，法律永遠跟不上人。

一個國家，要用法律、法治來管理，一定是失敗的，

而且是短暫的，絕不可能長久。此處要理解清楚，法治不可能沒有，而是必須得有，但是法治不能作為唯一最重要的管理要件。不要將我講的理解成最偏激，認為只是一味說法治不好，法治最低級，更不要以為我不知道沒有法治社會肯定亂套。要理解我現在所講的是管理的各個層面、不同境界。

我們現在講到了「先王有至德要道」，這是孔子問弟子曾參是否知道，先前的聖王管理的最高標準是什麼。孔子問的並不是如何制定法律，也不是問如何制定禮規、制定倫理、制定綱常。此處孔子問曾參的是如何制定道統，所謂有至德要道，即是問是否知道先王遵循什麼樣的道統。

由此可見，《孝經》所講的，是孔子直接問弟子曾參，而不是曾參去請教孔子。是孔子引出一個話題主動教授弟子，真正先王遵循的、亦是帝王學中的道統究竟是什麼，也就是真正的帝王學、管理學中，最高的標準、最高的準則是什麼。

此即為《孝經》開篇直接告訴我們，這一部《孝經》

通篇所講的精髓是什麼，講的就是聖王，即最優秀的管理者，如何學會管理的最高境界——道統，以及何謂道統，其本質是什麼。也就是為我們講解，真正想管理好企業、管理好國家，其管理本質是什麼。

有人說：「管理不就是管人嗎？我的權力比他大，他就得聽我的。是我的員工，是我的國民，就得聽我的。我下命令他們就執行不就行了。」

絕不是那麼回事。你的權力是誰給的，你為什麼有那種權力，別人又為什麼要聽你的？即便是皇帝，不還是有很多被推翻的嗎？為什麼有的皇帝，老百姓就心悅誠服，心甘情願的被統治，皇帝說什麼百姓都聽從；而有的皇帝，說什麼百姓都不聽，而且百姓一定要推翻他？就是因為不懂道統，不知道真正統治、管理的各個階段、準則。

真正的統治、管理，首先是從道統開始，之後的幾個階段也必須都得清楚。作為帝王治理國家，或者僅是作為一名企業家，管理一家企業，也就是打造你的商業帝國，要想使企業長治久安，想讓人心順服，大家能一心跟隨你

為企業拼搏，其實並不容易，那得有高超的管理之道。

為什麼有的人能夠從無到有，一點一點的打造起自己的商業帝國，從管理幾個人，到後來逐步管理幾十、幾百、幾千、幾萬人，最終可能治理百萬、千萬、上億人？如果高境界的管理完全都不懂，僅憑自己那一點聰明才智，憑藉什麼管理成千上萬的人呢？是憑藉自己比所有人都聰明嗎？或者你被賦予了一個權力，就可以管理千萬人嗎？若是如此，那權力又是什麼呢？所謂權力其實很難把握，用好了會很實際，用不好就會非常的虛，正所謂水能載舟亦能覆舟。

第三節
最高管理境界自然弱化法治
創業不拘一格守業綱舉目張

《孝經》開篇第一句直接就點出了孔子的本意，即先王有至德要道。因此，《孝經》要教授我們，帝王、統治者、管理者的最高管理準則，就是至德要道。孔子就是要教道統，而《孝經》通篇都是在講道統，以及之後引申出的綱常、倫理、禮規、法治。儒學於法治方面講得較少，因為那已經到了法家的範疇，儒學還是講道統、綱常、倫理比較多，而這些在管理學、帝王學中，是根、是本。

儒學即是抓住了根本，然後不論是治理家庭、家族、還是整個國家，抓住了根，抓住了本，之後就都能理順。如果真正掌握了根本，後面還真的不怎麼需要制定非常明確的法律、法規了，這就是管理的最高境界，大家基本都能自律，不會違法亂紀。一旦達到這種狀態，法律其實是形同虛設，這時候才是真正的社會安定，管理也才真正到位。

一家企業可能會制定很多的規章制度，比如考勤制度，遲到了怎麼罰，曠職是否辭退，可以非常的嚴格。但這都是在法治層面，即最低的層面管理。如果懂得道統、綱常、倫理，那企業不需要制定這麼多嚴苛的規矩，相當於法治、法規都不需要。不需要規定罰款行為，因為大家一個比一個自律，不用要求九點上班，所有人八點半全來了，有的七點就來了；下班更不用規定早退懲罰，大家全都主動加班加點，也不要加班費。

　　有人完全不相信，「老師，能有這種好事嗎？」

　　實話實說，這就是真正的管理，真能這樣做好了，一定能達到這種效果，所有員工真的不在乎利益了。何時能夠把你的國家子民或者企業員工，管理到這種程度，不在乎工資的高低，不會計較物質利益，大家還能拼命工作，你就走上管理的正路了。

　　現在幾乎所有管理者都在高薪誠聘，都用高薪去挖人才，認為只有高薪才能吸引人才。然而，薪水再高能有多高，而且再高是不是也得有標準、有上限啊？你覺得年薪

三百萬不少了，如果真的是人才，會不會有企業給出五百萬？只是用薪酬獎金、福利待遇，或者用所謂的股權，就能把人才留住嗎？其實不是的。用利益、物質留人，一定是最低層次的方法，也必然是最失敗的。但是現在還有別的方法嗎？還有方法能夠不用物質把人留住，能使人一心一意拼命的為我工作，還不會被其他企業高薪挖走？真的有這種方法嗎？不必疑問，是真的有方法。這就是中華先聖教給我們的帝王學、管理學，呈現的意義所在。

歷史上有沒有人能做到這一點？他的下屬、員工，都不要工資，甚至把自己家的錢拿出來給企業，拼命工作，甚至連命都不要了，有沒有這樣的人呢？當然有。不必說更遠的人類歷史，僅需要看當代的共產黨，從成立之初，到打天下的時候，有幾個共產黨員會說，必須給加班費；又有幾個共產黨員會問，入黨後能給多少工資？聽說過共產黨因為不發工資而兵變的嗎？知道共產黨部隊的戰士一個月多少工資嗎？這就已經達到管理真正的高境界，每個人都有種使命感，都是為了這個使命感艱苦奮鬥、浴血奮戰，人人都視金錢如糞土，都有理想、有使命。

有人問：「老師，共產黨那時候是為了國家政權、為了民族大業，所以拋頭顱灑熱血。現在我的企業就是產品生產和銷售，員工不都是為了工資才來的嗎？」

　　其實不是你認為的狀態。同樣是抵抗侵略，同樣是為國為民，有的人就必須得有工資，就是為了軍餉，而共產黨為什麼能夠做到不發軍餉，士兵還能拼命戰鬥呢？不就是管理水準高嗎！我們做企業，如果真能做到如共產黨初期打天下時的管理水平，只要能跟人家學一點皮毛，那企業肯定不得了。

　　深入講解管理之道，是弟子課中帝王學的內容，包括韓非子的帝王學，鬼谷子的謀略學，都是最高境界的，隨後會有書籍作詳細的解讀，其中會有更多的案例幫助大家學習。雖然再偉大的聖人，都有功有過。過，我們不必多提，吸取教訓，我們要向人家的好處學習，而且要學什麼一定要清楚。

　　因此，我們要清楚《孝經》講的是什麼，我們要學習什麼。其實《孝經》就是在教授真正的帝王學、管理學，

真正管理的最高準則，即最高的道統本質是什麼。本質抓住了，其實下面的綱常、倫理、禮規、法治，就豁然貫通了，瞬間理順了。這就是所謂綱舉目張，要拎起一張漁網，攤在地上一大堆，如何捋順拎起來？抓哪根繩子，如何下手？越抓越亂，越來越糾纏在一起了，怎麼辦？其實只需找到漁網上最大的球，一把抓起來往上拎，下面齊刷刷的就立刻捋順了。

所以為什麼對於帝王、管理者，儒學經典一開始就要學習《孝經》呢？小學為何在學好文字以後，馬上也要學習《孝經》呢？其實就是因為《孝經》的重要性，《孝經》就是綱舉目張中那個綱，就是管理學、帝王學中的道統，就是最本質的根。

這部經典學會、學通了，管理學基本上也能真正有所認識了，根是什麼，本質是什麼，基本上都清楚以後，下面的綱常、倫理、禮規、法治，學起來就很簡單。這就好比漢高祖劉邦，建立大漢得到天下，把秦滅掉之後，劉邦制定所謂的法律，只約法三章，「殺人者償命，傷人及盜

抵罪」。就是這麼簡單，再沒有其他的法律條文了。劉邦把法治，把法律條文，看得很輕，大家做到這約法三章就行了，但是他可是把道統抓住了。後來老百姓真的不怎麼犯錯，偶爾犯了錯後，家族族長與幾個長老一商量，應該怎麼抵罪，最後決定應該罰兩頭牛，或者關三天禁閉，或者打十板子，商定了就這麼辦，然後就行了。

而秦統一六國，那麼強大的軍力，建立秦王朝僅僅十五年就滅亡。短短十五年，當時滅六國的強大軍力應該還在，為何就滅亡了，難以理解。滅六國時秦國擁有百萬大軍，戰國時期十萬大軍已經非常了得，何況百萬，為什麼這麼快就被農民起義軍滅掉了呢？在此深層的原因不去多說，表面的原因有兩個。

其一，因為秦軍主力，滅了六國之後就都分調到邊疆駐守，這是最重要的原因。其中三十萬大軍，由大將蒙恬率領戍邊，抵禦北方的匈奴；同時又派五十萬大軍南下百越，即廣東、廣西一帶，這就調走了八十萬秦軍主力。而南下的五十萬大軍攻下百越以後，自立為王建立南越國，

不再聽秦始皇的召喚調遣了。

所以，中原大戰農民起義軍起義的時候，百萬大軍的八十萬主力軍都已分調走，後來大將章邯抵抗起義軍，但沒有兵，就把驪山修皇陵的奴隸、勞工釋放出來，穿上盔甲、拿起兵器上戰場。但是奴隸勞工，根本不是正規軍，從未經正式訓練，最終被項羽打敗，沒等救援返回來，起義聯軍已經攻下了咸陽，秦朝就此覆滅。這是第一個最重要的原因。

第二個原因，秦始皇推行法家變革，富國強兵，打敗了六國。然而，滅掉六國之後，其實不應該再用法家的嚴刑厲法來治理國家，而是應該學習這套「先王有至德要道」，推行道統、綱常、倫理、禮規、法治，把嚴刑厲法不斷弱化，讓百姓休養生息，逐步推行德育、教化，使民眾自然而然的自律，如此才真正是先王的統治之道。但是秦始皇並沒有推行這些，而且根本就不聽、不信這套至德要道，因為法家為他帶來強大，法家帶領秦滅了六國，所以秦始皇只崇尚法家。

然而，創業的時候，可以運用法家之嚴刑厲法，建立鐵軍，迅速壯大自己，從而打敗敵人。但是，立國立業以後，要想守住國家、守業的時候，就不能再用法家這套嚴厲之法了，就得使用教化之道，讓民眾一點一點的提高整體素養。真正能夠達到管理學、帝王學的高境界，就必須得往這個方向走。結果秦始皇還是運用短平快的法家的法治方式，完全是嚴苛的法律，所以迅速激起了百姓的民變，從而導致秦十五年的快速滅亡。

　　學習歷史，就是為了以古鑒今。當我們看這一段歷史時，就得清楚作為一個企業主，創業階段和守業階段是不一樣的，一定得用完全不同的兩套方略來做不同的戰略規劃，不能一個方略用到底，即創業和守業同一個方略，這是不可以的。歷史千年的經驗，不斷在告訴我們，創業階段有創業的用人之道和至德要道，守業階段又有守業的至德要道，完全不同，一定得分清楚。

　　因此，書前讀者如果有企業家，一定要清楚，你的企業現在是創業階段，還是守業階段。如果是創業階段，就

要用法家的方略，法家方略簡而言之，就是創業階段，無所不用其極。用人也沒有那麼多規矩，不拘一格降人才，即所謂唯才是舉。這就是創業階段的用人之道，一定是先不管人品如何，只看能力，誰有能力就用誰。

現在有很多創業階段的老闆想得太多，尋找合夥人必須德才兼備，任用的 CEO、高階主管、員工也都首選德才兼備的，德和才相比必須得有德，如果是有才無德者，絕對不用。這樣的企業家，創業階段撐不到三年、活不過五年。因為創業階段是求生存的時期，求生存時必用法家，要嚴刑厲法，激發戰鬥力。但同時沒有太多的等級，沒有什麼規矩，不擇手段，只是為了存活，為了長大。

然而，當創業階段過去了，企業有一定的基礎，進入守業期的時候，就不能像創業期那樣了。守業的時候，整套方略都得改變，而且必須馬上就變。就像秦滅六國打下天下，馬上就得開始改變治國方略。秦始皇不認同，一直走法家那條路，一直用法家那些人，應用韓非子的帝王學。他是一個真正偉大的帝王，能用十年時間滅掉六國、統一

中國，功德無量。但是後來依然不變，繼續任用法家之人，應用法家之學，最抵觸、最痛恨的就是儒家的儒生，認為儒生只會講沒用的大道理，而法家的法治多麼實用落地。他的重臣李斯、韓非子等，都是法家的代表人物，而把儒家、儒學體系徹底摒棄，甚至焚書坑儒。

所謂坑儒，就是將那些大儒、沒用的儒生活埋坑殺，認為儒生只會講仁義道德禮智信，整天胡扯亂想，沒有實用之處。其實秦始皇根本就不懂儒學體系是用來做什麼的，打下天下之後，儒學體系才是真正的至寶，是守天下的至寶。

因此，正在創業階段的企業，企業主可以學習我所解讀的《韓非子》，也就是帝王學，那套書所教授的就是創業階段如何制定方略，如何用人，如何做事，怎麼打天下。

創業階段過去了，企業進入了守業階段，就好好學這套儒學體系，從《孝經》開始學起，要明白帝王學、管理學中的道統、綱常、倫理、禮規、以及法治。在這套體系中，法治一定是在最後，甚至在前面做好的情況下，我們都可

以基本忽略法治。

　　大漢時期，劉邦吸取了秦始皇的教訓，以道家開國，崇尚道法，從而使得大漢初期無為而治，休養生息。經過七十年的積累，國家富裕了，此時到了第四代皇帝漢武帝時期，國家要開始發奮圖強，那時就不能再用道法了，於是漢武帝開始重用大儒董仲舒，並大用儒生，開始把儒學體系全民推廣。從漢武帝時，大漢開始建道統、立綱常、定倫理、設禮規和法治。

　　首先就是從道統開始。為什麼開始大用儒生，從《孝經》、孝道開始在全國推廣儒學？就是一個建立道統的過程。立了道統，老百姓心中的道統即這套最高的準則立起來了，就好像蓋一座房子有了地基，進而就有了大框架。所謂建道統即是打地基，地基打好、打深之後，就在地基之上立綱常，整個大框架就出來了，框架出來之後即可定倫理，定倫理後即可設禮規，之後再有法治。

　　這就是大漢之所以能夠富國強兵，文治武功都是天下第一的根基所在。也是我們研究文化文明，研究這套智慧

體系，想要與大家交流的心得。當我們真正知道了大漢是如何成功的，就可以想到如果自己做企業如何借鑒。大漢打下江山，建立朝代，而且延續傳承了四百年，又能夠如此之鼎盛，必有其道理所在。我們就要把這套道理學深、學透，然後應用在自己的企業中，應用在自己的家族裏，應用在家庭裏，使企業、家族、家庭都能夠長治久安、興旺發達、繁衍生息，這也就是我們學習這套儒學體系、孝道文化的意義和目的。

生存穩定立道統繁衍生息
《孝經》立體智慧包含佛道儒

「先王有至德要道」，即有了道統，有了最高的、帝王的準則以後，能發揮什麼作用呢？孔子繼續講道：「以順天下，民用和睦，上下無怨。汝知之乎？」

先王掌握了這套道統體系，就能使得百姓歸順，謂之以順天下。而這裏講百姓歸順，是指人心歸順，以順天下指百姓歸順於先王、統治階級。民用和睦，即百姓與百姓之間和睦相處，講的是橫向的關係。上下無怨，上是指統治階級、精英層；下是指黎民百姓、被統治階級。上下是指縱向的關係，社會有等級、有分工，但是不會因為等級或分工的不同，而產生怨恨。

這就是先王有至德要道的作用。有了道統，掌握了本質，就能夠做到「以順天下，民用和睦，上下無怨。」

現在，全世界有這麼多的國家和民族，但是有哪個國

家、哪個民族能做到天下順心、歸心，民用和睦，上下無怨？美國是當代西方的先進體制的代表，三權分立，天天強調民主、自由、平等，然而能夠做到上下無怨嗎？現實中的美國現在鬧成什麼樣子，為什麼鬧？還是因為基層、底層的黎民百姓，心裏有怨氣、怨恨，然後上街遊行，去砸、去搶、去燒。

真正要做到上下無怨，太不容易了。既能做到統治階級、精英層沒有怨憤、怨氣，又能做到普通的黎民百姓安居樂業，也沒有怨恨、怨氣，真的很不容易。想把一個國家或企業，真正管理好，可不是一件簡單的小事。先不說治理國家，僅就一個企業，能做到員工的心歸服於企業，員工之間團結和睦，高階主管和普通員工之間上下無怨，高階主管對員工沒有怨憤，員工也都能安居樂業，心安無怨，真有企業能做成這樣，實在是相當不容易。

首先所謂以順天下，企業發展到一定的規模，員工還能歸心嗎？還能做到員工一直歸心於企業嗎？工資降低一點敢試試嗎？員工加班可以不給加班費嗎？員工就是一心

一意把工作做好，老闆給加班費都不要，可能嗎？現在有沒有企業能做到這些？

再者民用和睦，員工與員工之間，部門與部門之間從不勾心鬥角，沒有相互的內耗，從不互相詆毀，能做到嗎？

而上下無怨，即企業員工、高階主管和老闆之間，有沒有高階主管不怨恨老闆？有沒有員工不怨恨高階或中層主管？任何員工聚在一起，基本不談別的事，不是罵老闆，就是罵高階主管，或者評論企業的不好，基本都是這樣。即便是那些大型企業、發展良好的企業、安定穩健的企業，也都是這種現狀。

我們在此做一下比較，先不與西方的企業比較，而是看同在東方的鄰國，日本的企業與中國企業比較一下。首先，日本企業的穩定性，以及員工的穩定性，遠高於中國企業，日本不僅有三萬多家百年企業，而且很多企業還在沿用員工終身制。也正因如此，終身制的員工基本以企業為家，所以日本企業更多的團結一致對外，而中國的企業內部內耗嚴重，經常互相拆臺。我們探討、感覺一下中國

和日本的企業管理差距，因為我們是鄰邦，地理位置鄰近，文化也有相似、接近之處，而企業方面，為什麼日本與中國之間差距甚遠？

書前的讀者，如果有企業家，應該好好想想這個問題，進而看看你的企業內部是依靠什麼在管理。是不是僅僅依靠物質獎懲來管理，用所謂的高薪、高福利保障主要人員不流失？而平時是不是慣用高壓手段壓制員工？企業內部，各部門之間、員工之間能夠和諧和睦，是不是表面和諧，背後互相拆臺？內部競爭良性還是惡性？作為老闆，是否能讓公司高階主管和普通員工都歸心於你，與你同甘共苦？如果三個月不發工資，是否還能同甘共苦？會不會有員工告你？試一試就能知道。

平時你是老闆，給大家發工資，發獎金的時候，大家看你都樂，笑容滿面的感謝你是貴人，誇讚你是菩薩。三個月不發工資，大家會怎麼做？為何在企業工作十年的員工，依然無法跟你同甘共苦，企業危難之時，越有能力的人逃離得越快？甚至平時你最器重的、最得力的人，鬧得

更凶，都是為什麼？

這都是現在的企業管理者，需要好好學習的。如何在守業期，使自己的企業管理更上一個臺階。

這套儒學體系，不適用於創業企業，創業的時候先別想這些，就得像劉邦一樣，打天下時無所不用其極，無所謂規矩，甚至無所謂道德。韓信，名聲原本不好，遊手好閒，蹭吃蹭喝，還受過胯下之辱，而劉邦卻覺得韓信能屈能伸，是個人才，於是一經蕭何舉薦立刻打破常規，拜韓信為三軍統帥。

後來韓信打下齊國之後，逼著劉邦封他為齊王。劉邦一聽氣壞了，這是想公開造反，自立為王啊。但劉邦心中再恨再氣，再知道韓信品行不好，對自己也肯定沒有忠心，事事都在算計，也得忍耐著用他。歷史上，韓信是最會算計的，因此他做什麼事、打任何仗，一定會勝利，一點風險都不會擔，所以成了百勝將軍。但同樣因為他的算計，雖然想取代劉邦，也想當皇帝，但是他總是算計著時機未到、實力不足，還沒等他算計好取代劉邦，劉邦直接先把

他殺了，天下已定，用不著他了。

　　所以創業企業要學劉邦，無賴，不墨守成規，用人不拘一格降人才。但是，一定要聽明白我講的意思，創業企業不墨守成規，可不是不守法紀，那是兩回事。但是如果太遵紀守法，就不要創業了，直接找份工作好好打工。並不是任何人都能創業當老闆的，創業的時候天天仁義道德禮智信，天天施恩於人，天天做個好老闆，可是自己的生存問題都解決不了。

　　有人固執的認為：「老師，我必須得以德服人。您看三國的劉備，以德服人所以才能建立蜀國呀！」

　　以德服人，可不是在創業的時候。你真正瞭解三國嗎？好好理解一下三國，劉備開始創業的時候，帶著關羽、張飛、趙雲，看看是什麼慘相。那時他是仁義、仁慈，但是屢戰屢敗，最後連立足之地都沒有，就只剩下仁慈的善名了，怎麼可能創業成功。後來劉備是如何起色的？不還是三顧茅廬，請諸葛亮出山後才開始起色。諸葛亮何許人也，打仗做事不擇手段，各種陰謀詭計、兵法詭詐，信手拈來，

哪有什麼道德限制。諸葛亮出山就彌補了劉備之缺，否則劉備根本沒有可能建立蜀國。

真正好好看看三國，為什麼最後天下歸曹？創業階段，曹操真的是雄才大略、亂世奸雄，非常的厲害。但是為何魏國曹家沒有延續下去，又歸於司馬了呢？這些都是我們應該好好學習、領悟的，有機緣詳細再講。

歷史可以鑒今，首先認清自己所處的階段是創業，還是守業。創業階段有創業的打法，不能太規矩。太規矩了，市場先機基本上就都失去了。市場競爭怎能允許你規規矩矩的做事。只有在一種情況下可以規規矩矩的創業，就是在市場空白、沒有競爭的時候，可以規規矩矩、一點一點的發展。現在的市場，任何領域都是白熱化競爭，哪有空白市場的機會等著你，大魚吃小魚，小魚吃蝦米，剛開始創業時，就是隻小蝦米，能活下來就不錯。

所以，看書學習首先得知道學的究竟是什麼，並不是所有看到的直接就能學，就能用的，看了范老師解讀儒學《孝經》，知道了道統，那就學會了，回去就建道統，太

草率、太異想天開了。建道統，是針對守業階段的，生存已經沒問題，到了應該穩定、發展壯大、繁衍生息的時期，也應該考慮傳承了，此時再使用道統，再立綱常，再定倫理，如此一步一步延伸建設，最終形成一套體系。因為守業階段就不再依靠個人能力，而是依靠體系，把這套體系立起來，才能保證企業長治久安、興盛發展，然後才能繁衍生息。此處一定要清楚。

而創業階段則有創業的打法。創業階段體制要那麼完善幹什麼？能否活下來都還不一定，就必須得發揮每一個人的長項，先不管他的品行如何，先用其才，人有能力我就用，哪有什麼等級之分。創業階段不講等級，全憑哥們兒義氣，要好好學習劉邦創業階段是如何做的，守業階段又是怎麼做的。大漢為什麼能夠四百年長治久安，我們為什麼稱為漢族？我們這個民族都以漢命名，就是因為大漢從建立到延續，包括其繁衍生息、興旺繁榮，都符合中華的道。

中華要復興，到底要復興什麼？是復興大宋時的中華

嗎？復興大唐時的中華？都不是！我們復興的就是大漢時的中華，復興大漢之精神，復興大漢之鐵血文明，復興中華大漢之偉業。不能大宋、大明時的中華都要去復興，中華的歷史長河中，最值得稱道、最圓滿的，就是大漢。

有人提問：「老師，那大唐呢？大唐不是更加興盛繁榮嗎？」大唐的建立，一半是漢，一半不是漢，而是北方的民族，以鮮卑族為主。因此大唐是大融合，大唐是真正的包容、開放，看看大唐打天下的凌煙閣二十四功臣，一大半是少數民族。

又有人提問：「老師，少數民族現在不也都是中國的五十六個民族之一嗎？」是的。但我們要講解的是漢朝，中華民族真正純粹意義上建立我們這個民族的高峰，還是大漢時期。那時的鐵血文明甚至比大唐的時候都要強盛，那時文明真正達到了巔峰。

大唐很多都是沿襲大漢而來的，是真正開放的、多民族構成的社會結構，甚至大唐時期，在朝廷當官的人，部級以上的一品大員都有波斯人，金髮碧眼不在少數，很多

外國人都在朝堂之上一起上朝理事。而現在中國的中央政治局、國務院，怎麼可能會有外國人參與？絕對不可能。但是大唐時期就是那樣包容開放。

大漢時期中華比較純粹，因此我們所謂的復興，即復大漢之精神，興中華之偉業。中華曾經屹立於世界之巔幾千年，不僅有大漢和大唐，前有夏商周，亦包括大秦，雖然僅有十五年，但秦同樣是鼎盛之巔峰；後有大宋大明，也都立於世界之巔。所以中華有偉業，我們要復興，具體一點即是復大漢之精神，興中華之偉業，再強調一遍。

我們講解儒學體系，其實都是圍繞著大漢時期的精英教育，是如何培養出那些精英，是如何具備過人的武功、巔峰的文治。想學習、深究大漢的偉業是如何打造出來的，就一定要從他的人才，大漢的精英培養開始研究。然後繼續研究大漢何以文治武功、繁榮富強，就離不開儒學，離不開儒家的治國之道了。

現在講解《孝經》，就是在講這些，學習了這些，同時必須得落地，實際應用於現在的企業，如果不是做企業

的，那就應用於家庭。家庭之中也有道統、綱常、倫理、禮規、法治，家族之中同樣也有這一整套，企業之中也有這一整套，國家更加有這一套道統、綱常、倫理、禮規、法治的完整體系。

所以要推廣儒學，要推廣到每一個家庭中，推廣到每一個家族中，推廣到每一個社區中，推廣到每一座省市，如此國家的道統就建立起來了，綱常隨之就立起來了，倫理就定出來了，禮規也就有了，最後是法治。

而可以弱化、最不需要的，就是法治。任何一個國家，如果把法治當成最重要的，這個國家一定不會長久；任何一個企業，如果把嚴刑厲法當成最重要，堅定的執行，不講人情、人性，不符合人心，也一定長久不了。

此即所謂，子曰：「先王有至德要道，以順天下，民用和睦，上下無怨。汝知之乎？」

有人著急，「老師，您講了這麼多也沒講到，具體什麼是所謂的至德要道啊？」

緊接著孔子就講了。整部《孝經》就是在解釋這一句，

本書本章所講的也就是這一句話。而我即是在解讀這句話前，告訴大家《孝經》講的是什麼，應該如何學習《孝經》，學了《孝經》應該如何應用。

開篇第一段就是綱，是整部經典的概括。得先明白這一段，後面學起來才有感覺，才知道到底在學什麼。所以，讀到此處，就可以確定自己是否繼續學習後面的《孝經》。如果跟你沒關係，你覺得管理家庭、家族、企業，或者治理國家都跟你沒關係，道統、綱常怎麼立，也都不是你在乎的，你只在乎情感，那你就可以把書放下了。

然而，其實一部《孝經》，基本上將儒學的一切全都包含其中，甚至佛法、道法的一切，也都包含在裏面。這就是一個立體的智慧體系，現在只是概括的理了一下。為什麼《孝經》這麼重要，到底為什麼《孝經》是儒學的根本？我們繼續講解，透過後面章節的論述，就會逐漸清楚了。

第四章

《孝經》儒學體系復興

拯救自我拯救人類

第一節

上古道心古樸中古失道有德
人治末世天災源於人心不古

前面講解的是第一章開宗明義，是《孝經》的大框架。我們講了第一段，即《孝經》的重要性。繼續第二段，【曾子避席曰：「參不敏，何足以知之？」】聽到老師提問以後，曾子作為弟子學生的師道尊嚴，師徒之間最基本的禮節，從簡略這幾個字上，我們就能看得出來。

「避席曰」，弟子跟老師說話，不能坐著說，一聽老師孔子在問自己，曾子馬上避席曰，也就是馬上從座位上起身離開，躬身站在老師旁邊，然後再回答：「參不敏，何足以知之？」自稱為參，回答老師說：「弟子我沒有那麼聰明，這麼高深的問題，我怎麼可能知道呢？」

老師提問的時候，現在大部分人都有一個習慣，不管老師問什麼，不管自己能理解到什麼程度，馬上先搶著回答一下。但是，在此看曾參如何回應，他的意思是說，「以

我的智商、我的聰明程度，本就這麼不敏銳」，是不是首先自謙？

我們在前面講了，儒學三千門徒，七十二賢人，曾參是排在前三名的，是真正的得了孔子真傳的。即由曾子傳下來的儒學一脈，是孔子真傳的儒學正宗一脈。那曾參能不聰明嗎？絕不是一般人物，而是能夠把聖人的這套智慧體系，理解得最深最透的人。本來七十二賢人之首應該是顏回，但是顏回去世得早，後面曾參就接了這套正宗的儒學傳承，一定是很聰明的人。

所以老師孔子問他話的時候，曾參的心裏必有一定程度的理解。但是，他立刻明白老師問這句話的意義和目的，並不是讓他做出回答，而是老師要傳他東西。老師孔子要傳他先王的至德要道，管理天下，使眾生歸順、民用和睦、上下無怨，而所謂至德要道，一定是給予他真傳，所以他不能自己發表意見。

隨即回答：「參不敏，何足以知之？」我怎麼能知道這麼深的道理呢？既體現師徒之間的禮節，同時體現了曾

參作為弟子的謙遜，即是表達自己再怎麼理解，也不可能有老師親自傳達的那麼深、那麼透、那麼徹底。

所以，此處一問一答稱之為引子。而這個引子，在所有的經典中，基本上都是有問有答，亦即都得有個緣起。尤其是佛經、佛教的經典更是這樣，每一部佛教的經典都得有個緣起。佛祖講經不會事先預設，不會提前通知，明天要給弟子講一部經，希望眾弟子來聽。比如佛祖通知，我們下一期要講《金剛經》，明天開始講，想聽經的弟子就提前來，不會這樣的。佛陀講經全都是隨緣，沒有預設。

每一次講經都有接引的弟子，亦即是緣起的弟子就會發問：「佛祖，弟子有一事不明，請佛祖點化。」於是，佛祖就此一問或者這一件事，展開講授其理，一部經典基本就這樣形成了。經書的形成基本都是如此，得有緣起。

儒學的《孝經》這部經典是如何緣起的呢？這一部並不是某位弟子說有不明，向師父請教、求點化，而是師父孔子直接主動點化。所以說這部經典極為重要，即在聖人的心中，這部《孝經》亦是極其重要，所以是他主動傳給

曾子的，由此可見其重要性。

　　曾子自謙言罷，孔子馬上就回答，【子曰：「夫孝，德之本也，教之所由生也。復坐，吾語汝。」】古人的用詞，包括對話用語，多麼的簡練。一句話就把整篇經典的要素，整篇經典的觀點、理念點出來，包括重要性也明確點出來了。

　　前面說先王有至德要道，即先王要統治天下子民，以順天下即讓天下子民心中順服，這就是管理之道；民用和睦，意即子民之間在做事的時候，能夠團結和睦；同時上下無怨，君臣百姓之間都和諧而沒有怨氣，這就是帝王學中最本質的。所有的帝王學即管理學，都是教我們如何把人管理好。這也是成功之道，要建立帝王的基業，管理的技巧、管理的方法、管理的手段都必須得掌握，從而指導如何讓天下歸心，民用和睦，上下無怨。

　　孔子在此一下就點到了最基本的重點，即是孝。孔子對孝的評價多麼的高，「夫孝，德之本也」。前面我們講述過，道德仁義禮智信，這是我們社會的七種境界、七個

階段，其中德排在第二位，道之下即是德。

如果將古代分為上古、中古以及近古三個時期，可以這麼講，道的階段就是上古時期，我們中華民族的文明歷史，如果也是一樣分為道德仁義禮智信七個階段，那上古就是道的階段。

上古時期，最典型的就是伏羲、女媧的階段，謂之無為而治，我們稱之為道的階段。看似都是原始時期，伏羲、女媧的階段是新石器的中晚期，還在用石器這種工具。我們現在認為那個時候不就是處於原始人的階段嗎？其實錯了，這個時期已經不是愚昧的原始人的階段。我們在《中華文明真相》中講了中華文明的淵源，其實上古時期反而是最先進的、超前的、文明最鼎盛的階段。也就是所謂的伏羲、女媧這個階段是屬於半神人的階段。

中華文明的一切，其實都是從那個時候傳下來的。然後經過了漫長的上古鼎盛時期，後來到了中古，中古就是黃帝、顓頊、堯舜禹、夏商周這個漫長的階段，我們稱之為中古時期。然後從孔子之後，也就是周之後的秦、漢、

唐、宋、明、清，一直到現在，我們稱之為近古時期。

夫孝，德之本也。而此處這個德的階段，其實相當於我們的中古時期。中古時期即失道而有德，也就是失道之後開始了德的階段，即是黃帝、堯舜禹、夏商周這個階段時期，我們稱之為德的階段。前面我們對德也做了一定的闡述。

然而，道是最高的、無為而治、天人合一的階段。道的階段，看似無形，看似無為，但其實人人自律，天地人合一。所以那個時期人的壽命也長，同時上古之人，人心古樸。上古時期沒有朝代，只有夏以後才可以稱為朝代。在上古時期，每一個氏族都特別的穩定，這是道的階段。

關於道這個階段，孔子對上古時期很明確的描述，其所著的《易經・繫辭傳》中有這麼一段，「古者庖犧氏之王天下也，仰則觀象於天，俯則觀法於地，觀鳥獸之文，與地之宜，近取諸身，遠取諸物，於是始作八卦。」

庖犧氏即是伏羲氏，此處天下不僅是指人，還包括動物、植物等等眾生。上古時期，人是萬物之靈，動物、植

物都以人為尊、以人為王。而上古伏羲氏能夠統治天下，如何統治、治理天下，即是遵循天道、宇宙自然的本質、不變的規律，同時遵守地規即現實世界的規律，從而王天下。鳥獸，即動物、植物等大地上的一切眾生，都在伏羲的觀察和統治之中，而他用簡單的八卦之理，就能王天下。八卦之理包含著宇宙自然的規律，合天之道、地之規，而後合於人倫。然而上古時期，還不講究人倫，只講究天地之道，人自然而然的合天、合地，即天地人自然相合。在這個階段，從人的角度來講，即是無為而治，看似無形，實則人人符合天道地規。所以，從管理的角度，從帝王學的角度，上古時期就是最高的道的階段。

有同學問：「老師，我們還能不能達到道的階段，能不能再回到上古時期那個道的階段？」

不可能了。我們也不要癡心妄想了，我們無法再回到上古時期那個階段。而人能否真正達到那個階段，其實可以這樣形容，那個階段就相當於西方世界所謂的天國伊甸園；而對於信仰馬列主義的，即是所謂共產主義理想世界、

理想國度烏托邦。其實，所謂的共產主義，也是一部分人提出的最理想世界的概念，就是以順天下，民用和睦，上下無怨，按勞分配，人人自律，不需要法律，根本不需要懲罰，因為沒有人犯錯，更沒有人犯法，多麼理想的世界。

這個階段在我們的地球上究竟有沒有過？肯定有過，就是在上古時期。上古時期就是道盛行的階段，但是上古的那個階段已經一去不復返了。經歷了神治、半神治、人治，又經過人類不斷的發展，在「道德仁義禮智信」這七個歷史階段中，我們現在已經到達了最低端的階段，也就是信用階段，稱為信用社會。所以，現在的地球，天災不斷。天災由何處來？天災源自於人心。人心不古，禮崩樂壞，所以天災連連。正所謂，天災源自人禍，我們可以觀察到天災和人心之間的關係，這即是所謂天人感應。

其實，現代人類真正所處的階段是，看似文明向前發展，看似科技先進超前，不斷的飛速發展，但是人與地球上的動植物，基本上都處於一種隨時可能滅亡的狀態。即所謂道德仁義禮智信七個發展階段，我們已經到了最後的

信用階段。我們人類現在已經墮落到，全球所有的人基本上都是以物質利益為導向，都是金錢至上、利益至上，難道不是嗎？

各國家、各民族現在也基本不幹別的事，而是都在掠奪資源，掠奪資源越多的國家、民族，生活的即所謂越好。甚至所謂最發達的國家，人口全球占比不足 5%，耗費的資源占全球資源的比例卻高達 50% 以上，而其他的七十億人去分攤那剩餘少部分資源。中國現在雖然有十四億人口，其實能分到的資源很少。而所謂的最發達國家也公開宣稱，絕不允許中國進入發達國家行列，不允許中國百姓都實現小康。因為如果中國發展起來，由發展中國家變成發達國家，他們會考慮得多耗費多少資源，地球哪有那麼多的資源呢。

所以現在的整個地球，就是在資源的爭奪之中。都認為資源爭奪得多，國家和公民就能滿足物質上的享受，而且是無盡的物質享受。其實中國自古以來都講究勤儉持家、節約有度，講究人與自然和諧平衡。比較一下所謂最發達

的國家，那種奢侈浪費、那種奢華享受，是我們難以想像的，都是過度的消費，到底誰在無盡的耗費地球資源，顯而易見。所以，人類現在真的已經到了岌岌可危的階段，非常危險了。

那麼，《孝經》真正是在講什麼？孔聖人在此透過把孝傳承給曾參，所要傳達的意義，同樣是我們現在重新學習儒學智慧體系的現實意義。孔子創立的儒學體系，延續了幾千年，我們現在從《孝經》開始重新學習，在現實中對個人、對家庭、對家族、對公司企業，甚至對我們的國家、對我們全人類，到底有沒有真正的現實意義？

其實僅此一點現實意義的呈現足矣。剛才用了不小的篇幅，講述地球現在的發展階段，已經到了人類社會發展七個階段中最後的階段，即信用社會階段，也就意味著如果再這樣發展下去，整個人類就會滅亡。由此可見，不是地球讓人類滅亡，也不是宇宙讓人類滅亡，而是我們自己墮落了，人類會把人類自己消滅。這種墮落、這種自我毀滅的進程，有沒有可逆性，有沒有可能人類重新回到道、

德的階段，迴圈的發展。請各位相信，是有可能的。而這就是我們重新學習儒學體系的意義所在。

而且我們多次明確強調，真正的儒學體系沒有一點是孔聖人自己創造的、創新的，全都是他將上古時期，一直到黃帝、堯舜禹、夏商周的中古時期，古聖人傳承下來的這套智慧體系，整理出來，不斷的強化，又應用於教化春秋末年的人們，並且持續教化後世的子孫們。

孔子為什麼要這樣做？就是要使我們從墮落的狀態下提昇，重新回到那種所謂原始的狀態，亦即是人心古樸的狀態。人心古樸，掌握天道地規，就又能夠恢復到天地人合一的狀態，那樣整個的生態平衡就會重新進行迴圈，同時也就是人類的新生。

有人感覺很驚異，「老師，我們學習了這套智慧體系，難道人類就靠我們重新啟動了嗎？」

我們看到了人類的墮落，現在的核武器規模，一旦核戰爭真的爆發，地球人類瞬間就沒了；同樣，生化武器一旦洩露或者爆發，人類基本上也沒了，多麼可怕。我們現

代人類，真的就是坐在自己製造的火藥桶上，隨時都有可能把自己炸得粉身碎骨，炸得整個人類瞬間滅亡。

　　現在學習這套儒學體系，是否為了拯救人類？各位同學，拯救人類是一個大的命題，先不要想那麼遠，我們學這套智慧，先要想到的是拯救自己。先將自己拯救了，然後再拯救我的家庭，這是與我最直接相關的，我的父母、妻兒。何謂拯救？所謂自己拯救自己，即是我沒有了煩惱，我得到安樂、趨向圓滿；而拯救家庭，則是使家庭和睦，上下無怨，家庭幸福和諧、繁衍生息。

　　現在多少的家庭分崩離析，夫妻離心離德、同床不同心，孩子逆反，父母怨恨，夫妻不睦。為什麼這麼多家庭變成這樣？孔子就是要為我們解答、解決這個問題。孔子所在的時期已經進入近古時期，開始人心不古，禮崩樂壞。整個社會就開始混亂，開始動盪。而孔子所在的年代，剛剛經過了中古時期，也就是黃帝、堯舜禹、夏商周這個階段，中古時期社會相對穩定，民生安樂。而到了孔子所在的春秋末期，馬上進入戰國時期，已經接近人治的階段，

即已開始人心不古、禮崩樂壞了。

到了那個階段，人心已經開始變壞，孔子才出來傳道、授業、解惑，才創立儒學體系，把上古時期以及中古時期，直到夏商周這兩個階段，智慧文明的精髓，社會安定的本質，即道統，整理出來創立了儒學這一套完整的智慧體系。然後，根據道統形成綱常，開始在人間落地，於是確立綱常就有了倫理，之後再有禮規，有法治，幾個階段一點一點的樹立了起來。

我們所謂拯救人類，先別想那麼大，而要先拯救自己；拯救了自己，我們再拯救家庭，家庭和睦、安樂；然後自家庭再向外，我們再拯救自己的家族，此即謂齊家，使得家族和睦，長幼有序；那麼繼續向外延伸，再拯救自己的公司、企業；再向外延伸，拯救自己的國家、拯救自己的民族；然後繼續延伸，就是拯救全天下，即所謂平天下，不僅僅是拯救人類，還會拯救植物、動物，拯救天下萬物。

有人還不敢相信，「老師，您是不是講得太大了？」其實這不是我講的，這就是孔子創立儒學體系，為我們提

出的儒家修行八個階段，即八條目。清清楚楚的告訴了我
們，人修行的階段性，也就是格物、致知、誠意、正心，
修身、齊家、治國、平天下，這就是儒學的修行體系。

第二節
儒學孝道德治拯救人類
東西融合太極和諧共生

　　講解儒學體系，還是要回歸到本質來講，儒學到底是用來做什麼的？是不是所謂的腐儒，僅是把古代僵化、腐朽的一套東西又拿出來復辟，會不會把我們的思想帶向僵化？現在我們說到儒學，一提及古人經典，的確首先想到的是腐朽、僵化，為統治階級服務，說服人們忠君愛國，而且還壓迫婦女、壓迫人性。針對女人，制定所謂的三從四德，針對社會民眾，制定三綱五常，就是一座座的大山壓迫在勞動人民的頭上。很多人都會這麼認為，因為我們從小所受的教育就是這樣講授的。

　　然而，所有對儒學深惡痛絕、謾罵排斥的人，都有一個共性，就是根本不知道儒學是什麼。只是從隻言片語中，從社會市面上，從所謂的左翼學者的言論，看到碎片的宣傳，聽到對儒學的一兩句批判，然後人云亦云，就對儒學

有所評價。其實根本什麼都不懂，根本不知道儒學到底講的是什麼。正如很多修佛之人、信佛之人，信的是佛教，根本不懂佛理、佛法，而佛法和佛教完全是兩個概念。因此，不懂時就盲目把自己的理解強加於儒學，不明白、不理解的狀態下，就去反對儒學，就相當於一群螞蟻評論大象，一隻小螞蟻根本都看不見大象的一個腳指，何談認知、悟透，又憑什麼評論大象；大象抬腳，螞蟻根本不可能知道是往哪個方向走，又有何道理評論大象何去何從。

儒學這套體系真正能夠復興的一天，拯救的不僅是我們中國人、中華民族、炎黃子孫，甚至能夠拯救全世界，能夠拯救人類。

有人可能會說：「老師，您這說得是不是有點太狂妄了？儒學，我們剛打倒了不到一百年，取得了這麼大的勝利，終於推翻了幾千年來僵化、腐朽、虛偽、不落實地、沒有用處的儒家封建思想。而您現在卻又開始大講儒學的好，又想為儒家復辟。」

其實，不僅是清朝滅亡、五四運動以後這近百年，而

是自宋以後，基本上就沒有能夠真正理解儒學的學者，也再沒有出現一位賢人把真正的儒學勘透。宋以後的儒學就變了模樣，與宋之前、漢唐時期的儒學完全是兩個概念。我們現在講授的都是來自於漢唐時期的儒學體系，這套儒學體系到底表達的是什麼含義？為什麼能夠把大漢帶向世界的巔峰，而且既有鐵血又有文明？為什麼能夠把大唐引領成為世界上最繁榮、最鼎盛的狀態？

我們將一點一點的詳細講解，這套引領漢唐的儒學體系，我們要真正了解清楚其本質，其中也包括我們曾經最反感，甚至痛恨的，所謂封建社會的三綱五常、三從四德等道德規範。我們要不要一味的推翻、打倒所謂的封建儒家思想，其中有沒有需要我們現在借鑒的地方，我們將在學習儒學經典的過程中，不斷深入的從各個角度去解析透徹。

也有同學提問：「老師，您為什麼只是盯著儒學，而跟儒學並駕齊驅的佛學、道學為何不講？另外那些聖人經典，諸如墨子、孫子兵法、陰陽學、玄學為什麼都不講？」

我們一再講，儒學是中華文明的主幹道、主流，儒學講透了，其他所有諸子百家就全在其中了。所以，我講解的儒學其實不僅僅是儒學。一部《孝經》裏就包含著佛法，包含著道學，包含著法家、陰陽家、玄學、醫學、兵法，全都包含。儒學並不是孔子創造出來的一門學術體系，整個儒學體系是孔聖人把上古和中古時期的社會結構、政治體制，以及道統、綱常、倫理、禮規、法治體系，重新挖掘出來、整理出來，使之落地。同時，讓春秋戰國時期，以及後世的子孫，都能看懂中華的先王、先聖、先賢們，制定的這一整套政治體制、社會結構以及落地實用體系。

這套體系是非常難能可貴的，因為有了這套體系，中華民族才有上下五千年的繁衍生息，而且在每個階段都能夠領先於世界，這是在世界上絕無僅有的。我們的中華文明也是世界上唯一沒有斷絕過的文明，萬分之難得。

現在的人類已經發展到了窮凶極惡、物欲橫流的階段，已經到了岌岌可危的階段，很快就要面臨滅絕。能否將人類拯救回來、解救出來，整個生態是否能夠恢復到平衡的

狀態，答案是肯定的，能拯救、能恢復。但是問題在於，到底如何恢復？首先，一定不是從科技上恢復，現代人類之所以瀕臨滅絕，就是因為沒有止境的發展所謂的科技。

難道發展科技是不對的嗎？不能這麼說，任何事都不能絕對。現代科技、現代醫學等科學的發展，是對客觀存在、客觀世界的認知、對發展規律的總結及應用，這是有必要的。但是如果僅僅發展物質這一方面，也是有問題的。

人心的發展，我們精神領域的追求及成長，還跟不上現在所謂的科技發展，亦即是物質的發展，不僅跟不上，甚至差得越來越遠，一直都存在極大的分裂。科技可以繼續發展下去，但是我們的精神領域、人心發展也一定要跟得上。如此，精神與物質並駕齊驅、向前發展，才能重新達到一種平衡的狀態。而不是學了古人祖先的智慧，學了儒學體系，就否定現代科技，否定現在的科學發展，再回到原始社會，回到男耕女織、游牧打獵、刀耕火種的時代，不可以從一個極端到另一個極端。

事實上，不僅回不去，也沒有必要回去。科學的發展

沒有錯，物質的發展也沒有錯，只是我們的精神、心理發展，要跟上才行。然而，我們現在從小到大所有的教育體制，包括長大以後步入社會，全都是在自然科學方面，在科學技術領域不斷強化、不斷發展。而整個人類世界，在人文、人倫、人情、人性、人心這些方面，不僅停滯不前，還在不斷的墮落。科學的不斷發展和人心、人倫、人文的不斷墮落，形成了巨大的分裂，這才是現階段人類即將滅亡的前提所在。物質和精神上的分裂，才是現在人類真正的危機。

要想拯救人類，先不說那麼大，要想拯救我們個人、拯救我的家族、拯救我的企業，進而拯救我的國家和民族，不是讓我們的科技停滯不前，恢復到遠古時期，而是要實現科技繼續發展，同時人心、人文、人倫方面也要飛速提升、加速發展，使其逐步達到平衡狀態，趨向圓滿。

如此，我們的人心、人性、人情、人倫、人文，能夠趕上物質科學的發展，人類又能重新達到一種新的平衡。然而怎麼才能做到這一點，才是我們現在的當務之急。我

們能做到嗎？在此肯定的回答，我們能做到。如何做，又從何做起呢？就是要從東方的上古智慧中來，中華的儒學體系傳授的就是，如何在人心、人文、人倫的角度平衡對應的發展提升，如何讓我們趨向圓滿，怎樣與自然和諧共生，這就是我們學習儒學真正的意義和目的。

從大處說，對人類是一種拯救；從小處講，能讓自己的身心安樂，家庭和睦幸福，家族繁衍興旺、生生不息，企業快速建功立業、成就商業帝國、持續長治久安，最終能夠實現以順天下，民用和睦，上下無怨，使國家和民族興旺發達。

無論我們的目的是從大處，還是從小處著眼，都要從現在開始學起、做起，實現我們學習儒學的真正意義。但同時要清楚，不是與現代社會、現代科學、現代科技、現代醫學，等等現在的這套文明體系相違背、相排斥。物質的發展有其必要性，我們要提倡科學進步，甚至我們需要超前發展、追逐先進，但是同時我們在人心、人文、人倫的基礎上，也要不斷圓滿自己，使之跟得上物質科學的發

展。如此，人類就有救了。

　　所以，這套儒學體系，不僅僅是中華民族炎黃子孫應該掌握，應該勘透，其實全球的精英都應該理解和掌握。中華的復興一定是從文化、文明的角度開始實現，然後再帶動其他的層面，如軍事、經濟、教育等各方面的復興，這是一定的、是必然的。

　　然而，文化、文明如何才能帶動全球呢？必須得真正有一套體系，使大家發自內心的認同、認可，才可以實現帶動。而我們現行的這套體系能實現嗎？天天喊著民族復興，到底要復興什麼？從何處復興呢？我們有輝煌燦爛的五千年文明史，那到底是什麼樣的文明？東方中華文明和西方現代文明，到底有什麼區別？現在，所有中華的炎黃子孫，還都天天跟在西方文明的身後，還談何復興？

　　現在所謂的復興就是一個口號而已，我們中國人自己都不知道要復興什麼，因此就是所謂的復興夢。何謂復興夢？夢總會有醒的一天，醒來以後就回到了現實中，什麼都不會實現。不能僅僅是復興夢，我做夢，夢回唐朝、夢

回大漢，在夢中很有自信、很強大，睜開眼睛醒來以後，不還是得回到殘酷的現實中，所以怎能是夢的概念？夢的意思是虛無、沒有實實在在可抓的東西。我們不要只是所謂的復興夢，而一定要在現實中腳踏實地，一步一腳印的走，我們要復大漢之精神，就必須知道大漢如何而來，其本質到底是什麼，其社會結構是什麼樣子，其政治體制如何。

中華不能一味向西方學習，西方有何讓我們借鑒之處？西方的科學原理，對自然科學的解讀，自然科學發展規律的掌握，這方面可以學習，這是我們的弱項。但是政治體制，包括整個社會的結構，人文、人倫、人情、人性、以及人心，這方面我們怎能跟西方學？西方在這方面都是缺、都是漏，自己根本都不完善，我們能學到什麼？這方面，不但我們不能向西方學，而且西方只能向我們學習，西方為我們輸出科技規律，我們東方要向西方輸出人文、人倫、人情、人性、人心的發展規律，教授西方如何傳承、如何圓滿。這才是東西方的密切結合，真正的東西融合，就形成了一個太極，互相不衝突、不敵對、不排斥。

然而，現在我們既向西方學習科技，竟然也盲目的向西方學習人文、人倫、人情、人性、人心，而這方面西方本就不完整，我們能學到什麼？實在可笑至極，更無奈至極。所以，現在中國的教育體制同樣是缺失，只有自然科學的發展規律這一方面，沒有人心、人情、人性、人文、人倫方面，而這正是我們中華的長項。中華的教育體制我們在前面講過，用了很大的篇幅講述漢唐的精英教育體系，但是現在反而被我們自己徹底的摒棄、徹底的排斥，甚至在謾罵。我們自己把中華積累上萬年、應用上萬年的智慧糟蹋了，丟進了歷史的垃圾堆。

　　西方現在正在尋求人文哲學，把目光都盯向了東方。之前先盯向印度，近三十年開始盯向中國，發現印度現行的並不可取，解決不了實際問題，所以又盯向中國。但他們僅是知道東方有這方面的智慧，而這種智慧到底是什麼，怎麼理解，他們還不知道。所以幾十年來，西方在中國投入大量的資金和人員，發起各種座談會、研討會，但是找到的大學教授、民間高人，所謂的高人，並沒有人真正明白中華的人文體系到底是怎麼一回事，也都是一頭霧水。

事實上，的確連中國人自己都是如此的一頭霧水，不僅中華文明的淵源找不清楚，中華文明的脈絡更梳理不清楚，了解的全都是碎片，都是一個碎片、一個碎片的研究，如此管中窺豹、盲人摸象，能研究出什麼呢？這就是我們現在的問題所在。但是我們還是都懷揣著巨寶，向別人要飯，這就是中國人的現狀。

　　所以，《孝經》中「夫孝，德之本也」，這一句話其實就在告訴我們，「道德仁義禮智信」七個人類發展階段之中，德的階段是怎麼來的，太重要了。此句講的就是失了道以後，往下就是德的階段。道是無形、無相、無為、摸不著、看不見，而道又存在，下一步就落到了現實中，即是德，就是失了道之後最高的階段，意即是人與自然和諧共生的階段。

　　當然，最高階段是道，但是對於道，想看也看不見，想摸又摸不著，太高了，高到遙不可及。而德是可以看得見、摸得著的，是在道的基礎上建立的一整套人與自然和諧共生的體系。摸不著、看不見的道，我們怎麼悟都悟不

出來到底是怎麼一回事，於是我們放下最高級的境界，退而求其次。其實上古伏羲、女媧時期的半神人階段，甚至全神階段，我們也到不了那種程度，那種最高的、道的無為階段。我們也不追求、不執著於那道的最高階段。

我們所追求的，要開始返回，要實現迴圈的，就是現在要從最低處，返回到次高的階段，也就是德的階段。這就是孔子傳曾子孝之道最根本的意圖，也是孔聖人最希望實現的願。孔子要實行社會變革，要改變春秋戰國時期人心不古的狀態，恢復到中古時期，甚至是上古時期的政治體制和社會結構，那種有綱常、有倫理、有禮規、有法治的狀態，所以稱之為復禮。

所謂復禮，是復周之禮。為何要復周之禮，而不是復商之禮、夏之禮，不是復炎黃之禮呢？因為周初建立的這一套完整的政治體制、社會結構，一套完整的綱常、倫理、禮規體系，最大程度承載著上古時期、中古時期，所有成熟的文明體系。建立了一套最落地、最符合人心、人性、人情的，完整的人文及人倫之道，所以周能夠興旺發達

八百年，民眾安居樂業，在中古時期有八百年基業、幾十代帝王傳承，非常的來之不易，雖不能說是前無古人，但至今後無來者。

周之前的夏、商，以及黃帝、堯、舜、禹時期，比周的朝代時間還要長，統治更加穩定。周只是外顯於外，從典籍中我們能知道周之禮、周的社會結構、周的整套制度。然而，我們是從哪裏知道周這套完善、成型的文明制度體系的呢？是從孔子留傳給我們的經典著作中挖掘出來的，我們才知道周之禮，禮即是這套體制、制度，我們才知道周有如此完善、良好的政治體制，如此符合人心的社會結構。周朝所有的政治體制、社會結構，包括綱常、倫理等，都是從我們的人心、人性、人情上來的，非常符合。

其實不僅僅符合中國人的人心、人情、人性，甚至符合整個人類的人心、人情、人性。所以這套體系不僅適合華夏民族、炎黃子孫，而是適合全人類，這就是孔聖人的偉大之處。

所以，這一句話即是孔聖人向弟子曾參，也就是向後

世子孫傳落地之孝道。如何能夠從現在人心不古、禮崩樂壞、物欲橫流的狀態，從思想、精神領域極端墮落，物質和精神極度分裂的狀態下，再回到生態相對平衡的狀態，亦即是德的階段狀態，如何入門起修呢？孔子告訴我們「夫孝，德之本也」，即是要從孝開始起修。孔子那時是春秋末期、戰國之初，天下大亂、諸侯割據、戰事不斷、民不聊生，也是物欲橫流的狀態。

但是比較孔子時期所謂人心不古的狀態，現在的人心呢？顯而易見，現在更加的人心不古，現在人的精神領域、思想境界更加墮落。如何拯救現在的人類、現在的國家民族，以及我的家庭、家族和自身呢？就要從修德開始。如何修德，又從哪兒開始起修呢？在此孔聖人告訴我們要從孝開始起修。

有人不解的問：「老師，孝不就是孝順父母嗎？還能有這麼大的好處嗎？真的能改變整個社會？真的與政治體制、社會結構，與綱常、倫理、禮規、法治都有關係嗎？」

在此要告訴大家的是，所有這些全都是從孝出來的。

孝不僅僅是孝順父母，那麼理解就太狹隘了。一個「孝」字，包羅萬象，包含所有一切由人心、人性、人情發出的人倫道德，進而形成我們的政治體制以及社會結構。

然而，人心、人性、人情到底是什麼，應當如何把握？我們又該如何啟發，如何順應、發展呢？這就是建立德這個階段社會的根本所在，要綱舉目張。要改變人心不古、思想墮落的狀態，入手處的選擇很重要，無論是家庭教育即對孩子的教育、企業員工的教育、國家子民的教育，到底應該從哪個方面入手呢？如果選擇了某一入手方向，認為可以形成符合人類人心、人性、人情的政治體制及社會結構，並且能夠建立道統、綱常、倫理、禮規，以及法治的道德規範體系，那麼選擇的依託、依據又是什麼？

對此，孔子提出從孝入手，「夫孝，德之本也，教之所由生也。」可見孔子對孝的評價多麼高，教是指一切的教化，所由生也即緣由、緣起，所謂教之所由生也的意思，就是指一切的教化都是由孝緣起的。

既是德之本，又是教之所由生，所謂孝，其實就是所

有的文明之綱，亦即是中華文明之綱。脫離了孝，德將不德，教將不教。意即是說，脫離了孝，我們就脫離了上古的文明、道的階段，也就脫離了中古之德的階段，我們就會不斷的墮落下去，會被客觀的物質利益所誘惑，不斷墮落。

自古以來，我們從上古之道的階段、中古之德的階段，到秦、漢、唐，再到宋、明、清，一直不斷的往下墮落。中古為什麼是德的階段？就是因為黃帝、堯、舜、禹時期實行禪讓制。堯傳位予舜，舜傳位予禹，根據什麼進行禪讓傳承呢？雖然一定會根據能力，堯傳給舜，舜一定得有能力，但其實能力是一方面，更重要的是舜乃天下至孝之人。

實際上，堯、舜、禹都深切的領悟和掌握孝的本質，即孝之道，能夠把握孝、運用孝，建立一套完整的綱常、倫理、禮規、法治的人倫道德體系。能否抓住孝的本質，對孝的本質理解深透與否，決定了對人心、人性、人情是否能夠深透的掌握，以及運用。掌握了人心、人性、人情，

自然能夠制定出人文及人倫的完整道德倫理體系，自然就衍生出了禮、樂、規章制度、道德規範，最後也就自然而然的衍生出了法治、法律。

　　黃帝、堯、舜、禹之所以相續禪讓，而不以血緣為傳承導向，就是以對孝的理解為導向，因為掌握孝的人就掌握了這套帝王學，管理人就能直接針對人心、人性、人情，並不是硬性的如現在一般必須依靠法治進行管理。現在是由於墮落到了最後的發展階段，所以只能憑藉法律硬性的管理，控制民眾，但這是最低級的管理。歷史上，所有僅是強化法治管理民眾的王朝，都很短暫。法治不可以沒有，一定要有，但絕不是唯一。

　　一套完整的人倫道德體系、道德管理規範，一定是從人心、人性、人情出發，才能夠真正把人管住，讓大家自律，不去違法，不去犯規，這才是高境界的管理，才是我們中華文明體系中，最難能可貴的精髓所在，也是我們下工夫研讀儒學體系的意義所在。把這套體系真正領悟透了，從個人修養到家庭關係，以及家族、企業、國家的管理，

都會得心應手。此即最高境界的管理之道，亦即真正的中華帝王之道。

　　有人疑問：「一個孝字，真有那麼大的作用？我們現在不那麼強調孝了，但是國家不是也發展得很好嗎？我們也不再提倡孝，而是提倡平等、自由、獨立。孝就是讓我們在家聽父母的話，在外邊聽老闆、領導的話。我可不能只是聽話，我是獨立的自我，有自己的主意，有自己的想法。父母又如何，學歷文憑還不如我呢！看問題、理解問題的能力，人際關係水平都不如我，我為什麼要聽他們的呀！他們是腐朽、僵化的代表。老闆的話我更不能聽了，他就是有幾個臭錢啊，碰上個機會就當上老闆了，誰服他呀！我才不服呢，等我找到機會馬上就幹掉他，我自己做老闆。都說人民群眾當家做主人，我也是無產階級的一份子，我也是主人，我要是當老闆肯定比他好。所以我要平等，我要公平！」

　　現代社會大家一味追求的就是這些，也就是說現在的普世價值、人的世界觀就是平等、自由、獨立、公平、博愛。

然而，追求人人平等，人人當家做主人，到底對還是不對呢？這要看從哪個角度講。如果從社會長治久安、繁榮發展的角度，從社會結構穩定的角度，這其實是有問題的。

有人不接受，「老師，這怎麼會有問題？從來沒聽說，追求平等、追求公平是有問題的。這難道不是現在的時尚主流嗎？西方社會不就是這樣發展起來的嗎？西方的民主、自由、平等的社會環境，處處公平、人人平等，難道不是嗎？」

是的，這就是一種西方的主流世界觀、價值觀，但是這種極致的追求、表面的平等，的確會給人類社會帶來不可調和的矛盾問題。我們為什麼講這些？因為要開始講孝道，要講解為何孝乃德之本，講解孝為什麼能將現在墮落的信用社會，重新帶回到平衡的德治社會。

道治、德治、仁治、義治、禮治、智治、信治，社會發展的七個階段層級，而孝可以使現在的信治社會，翻轉到德治的社會體系。到那時，人心又古樸了，人與自然就和諧了，人類就重獲新生了。這種新生、這種迴圈，並不

是回到了古代，而是我們超前了一大步，相對圓滿了。我們的物質生活、我們的科學科技會不斷向前發展，但卻不會把人類帶向災難，帶向滅亡。

因此，夫孝，德之本也，教之所由生也。這樣概括性、總結性的一句話，就是孝的意義和重要性。現在大家能理解，孔子為什麼如此強調這部《孝經》的重要性，而且把這部《孝經》的道理體系傳給了嫡系、正宗的弟子傳人曾參。我們要好好理解這句話，後面的章節都是對孝到底如何成為德之本，為何所有的教化都由孝產生等問題，加以說明和論證，同時也告訴我們什麼是真正的孝。

第三節

儒傳上古智慧稱炎黃子孫
圓滿修行天地人孝即道統

　　我們作為中國人，不可不知、不可不解、不可不深究儒學。如果不理解、不深究、不領悟儒學體系，就不能自稱為中國人，也就毫無顏面再稱自己為炎黃子孫。自稱炎黃子孫，僅是因為有血統、血脈嗎？炎黃到底傳給我們什麼，我們都不知道應該傳承、承載什麼，還天天很自豪的說自己是炎黃子孫，卻不清楚老祖宗留給了我們什麼，為什麼要留下這些？

　　就是為了在現代社會落地，實現自我的昇華、家庭的和睦、家族的興旺、企業的繁榮、國家的長治久安。只有真正透徹的理解和掌握儒學，以及我們上古文明的精髓，才可以自豪的宣稱我是炎黃子孫、我是華夏民族的後裔。否則就是僅僅長著華人的臉，卻無顏說自己是炎黃子孫。

　　如果炎黃為我們留傳下來什麼，我們自己都不知道，

天天一味向西方學習，那我們到底是誰的子孫？如果覺得西方的一切都好，那就是西方的子孫；不能只是口說自己是炎黃子孫，而我們中華有什麼好，中華要復興什麼卻一概不知。我們中華真正的修行，就是實現個人的圓滿、家庭的和睦、家族的興旺、企業的繁榮、國家的長治久安，我們講究的是這些。但這些不是透過打坐、念佛、大小周天、意守丹田，就能領悟、通透、學習明白的。

　　有人問：「老師，那打坐、念佛等等那些有沒有用呢？」也是有用的。想學習我們老祖宗這套智慧體系，也必須得透過身體的修行以實現自己的昇華。但是同時，必須先掌握這套完整的智慧體系，而後再結合在身體上的修行，才能最終達到心靈的圓滿，思想境界的提昇，精神領域的高境界。而不能一味的只是天天打坐、天天吃素、禁欲、念佛、念咒，你覺得就能實現昇華，那怎麼可能？任何理都不清楚，什麼道理都不懂，只是天天打坐，一天打坐十小時，就能在某個時刻忽然大徹大悟、明心見性，根本不可能。這些智慧之理都得經過學習，不學如何能夠通達，即便是聖人也是學習得來的。

因此需要有法門、法脈的傳承。我們所學的祖先智慧不是迷信，跟隨正規的法門、法脈學習即是找到了明師，所學的是成體系的，不是僅有幾個術，或者只是告訴你行善、打坐、念佛、吃素、禁欲、男女授受不親，你就能修成了。每天聽呼吸、意守丹田、大小周天練通了，就能夠白日飛昇、身心圓滿，那怎麼可能！

　　這套完整的體系，其實包括三個方面，一方面是顯學體系，一方面是玄學體系，還有一方面是心法，三方面缺一不可。這三方面形成了天地人的整體，天就是心法，地就是玄學體系，人就是顯學體系。所以這是完整的天地人體系，是整體的修行、圓滿的修行之路，三者缺一不可。

　　心法即謂天之道，無形、無相、無為，但是脫離不開。心法是綱，是道統。道統之下有綱常，綱常即是玄學的體系。簡單的說，玄學這套體系就是五眼六通、山醫命相卜。真正學習中華文明這套完整的體系，不僅僅只有肉眼，還必須得打開天眼，打開慧眼，打開法眼，最後實現擁有佛眼，這就是五眼。因此，五眼六通，與之後的山醫命相卜，

即是所謂玄學的體系，都得學習。只學顯學體系不可以，顯學就是指各種經典，文化的淵源、脈絡是透過經典構成，所以顯學的體系都在經典之中。我們必須通達且領悟經典的精髓，掌握顯學體系，會將我們帶向正確的方向，但是只學經典也不可以，因為用不了。

比如，看了范老師講解的《孝經》，對《孝經》的理解特別通透，之後繼續學習，對《易經》的理解也特別通透，或者對《孫子兵法》的理解特別通透，對《黃帝內經》的理解特別通透，然而，在此告訴大家，顯學理解得再通透，理學習得再明白，如果不掌握玄學體系，五眼六通和山醫命相卜這套方法體系，在現實中你根本用不了，這些都是相輔相成的。反之，如果只掌握五眼六通、山醫命相卜，而不懂顯學體系，那就是所謂術不入道，最後山醫命相卜學得越好，越去救助別人，自己反而下場越悲慘，這就稱為缺一門，即是只會玄學體系，不知顯學體系，最終就會缺一門，即鰥寡孤獨殘貧夭，缺其中的一門。

歷史上有很多精通術數，卻不明道理之人，看似調風

水特別厲害，或者給別人治病就是神醫，好像救人無數，覺得應該是在積功累德，但最後要嘛殘疾失明，要嘛終生沒有伴侶，要嘛一生沒有孩子，要嘛自己早亡，要嘛一貧如洗。如果真的調風水那麼厲害，怎麼會一貧如洗呢？如果真是那麼高明的神醫，又怎麼能殘疾早亡呢？

一種情況，就是那種人看似調風水很厲害，好像是神通廣大，但是只要給他一點錢，馬上就會重病纏身，或者立即就有飛來橫禍，把收到的錢全部消耗乾淨，這就是所謂的貧。而所謂夭，就是年紀輕輕人就沒了，看似掌握著大神通，好像掌握特異功能般的玄術，結果不僅自己沒有好下場，而且子孫都跟著受連累，甚至子孫都沒有好下場。

有人反駁說：「老師，人家治病不要錢，人家那是在積功累德。」

其實你還不懂何謂真正的積功累德。並非只是不要錢就是行善，如果真的改變了別人的命運，人家的命運是人家自己安排的，而你去改變了人家的命運，你就得替人背那些業，看似把別人治好了，其實把業力都背到了自己的

身上。為什麼會如此？就是顯學的這套理還不懂，只會玄學的術，最後的下場一定不好。

我們講究的絕不是狹隘的理解，認為行善就是積功累德，其實根本不是那麼回事，因為何為善就根本不清楚。我們講究平衡才是宇宙的至理，那是否知道何為平衡？如何把握所謂的平衡呢？無論儒學、佛法、道法，最高境界都是平衡之道。但是即使知道應該平衡，需要平衡之道，然而真的知道到底如何做，究竟何謂平衡嗎？真正的平衡之理，或稱平衡之道，就是從經典中來。這就是顯學體系的重要性。

然後再配合術數，也就是玄學的體系。之後要再往上提昇，真正達到圓滿、超越、昇華，就必須得掌握心法、領悟心法，那是至高境界，也就是天地人聚合。心法是天之道，玄學是地之規，顯學就是人倫道德體系，此即為天地人。

我們正在學習儒學的經典，透過書籍解讀經典，其實就是顯學的部分。而玄學部分，不可能透過書籍這種公共

平台傳授，玄學是針對弟子需要密傳的部分，有緣才能得到玄學之術，而心法是可以公開講授的。

所以，完整的天地人形成一個體系，這套體系我們必須整體掌握和領悟，隨後我們再到紅塵中、在現實中，不斷歷練、修行。並不是所謂跟師父學了山醫命相卜、五眼六通，馬上就能下山成神仙，都得有一個修的過程，不要以為一年、兩年、三年、五年就能修成，怎麼可能那麼容易！古人在山上修行，沒有十年八年，不可能下山，那十年八年天天在修什麼，就是在修學這套完整的，顯學、玄學、心法之天地人體系。真正修成下山以後，就是姜太公、諸葛亮、張良。

不要以為張良僅是巧遇黃石公，偶得一本《太公兵法》的兵書，他就得到密傳，然後就能上知天文、下曉地理。豈止那麼簡單，那只是一段傳說。哪有任何一個修行有成就的人物，背後沒有師父？只是人家不明說自己的師父是誰而已。而師父所傳，不外乎就是這些顯學、玄學、心法的體系，這些都是有法門、法脈傳承的。何謂法門，何謂

法脈？即學習、修行的是正根、正路、正道，而且是成體系的，這是最難能可貴的。

所以我們學習這套經典的顯學體系，要知道從哪裏開始學起。經典如果學透、學明白了，再看這個社會，再看政治體制，再看社會結構，以及人倫道德、標準規範、法治法律等等，就都是明眼人了。

正如戰國後期幾個重要的人物，比方說蘇秦、張儀，這兩個人是鬼谷子的弟子。蘇秦下山以後遊說六國，一人掛六國相印，相當於六國的總理都由他一人兼任。那時這種人稱為說客，即所謂演說家，但是如果你以為他僅僅是能說會道，只是嘴上能忽悠，忽悠六國國君把總理、宰相的位置交給他，讓他執掌行政、軍事大權，怎麼可能這麼簡單，僅憑忽悠如何能行，那必得有真功夫才行。可不僅僅是所謂的大仙，師從鬼谷子學會了陰陽法術、風水相面、奇門遁甲，只會這些就能讓六國把相印都託付掌管了。絕不要以為那麼簡單，必須真正是滿腹經綸、胸有韜略之人，才真的能夠說服得了那些帝王。

然而滿腹經綸、胸中韜略，都是從何而來？究竟何為韜略？可不是看幾遍《孫子兵法》，甚至可以背誦，解讀明白，就實現胸有韜略，就能做到運籌帷幄之中，決勝千里之外，不可能。必須真正明白國家的政治體制、社會結構，明白如何教化眾生、富國強兵，那都是實實在在的學問，絕不是紙上談兵。一個蘇秦，就影響了戰國後期的整體社會形勢，他一個人就將戰國後期諸侯割據、兵鋒四起的天下狀態改變，一個人就在那個時候將天下穩定了 15 年，談何容易。

　　之後他的師弟張儀下山，投奔了秦國，才打破蘇秦的六國聯合，然後秦才開始吞併天下。也就是說，他們師兄弟兩人，左右了戰國後期的整體大格局。這兩人都是從鬼谷子門下出來的，那他們在山上跟鬼谷子學了什麼？學的所謂韜略又是什麼？學習經典、飽讀詩書，那可不是把詩書背下來，而是這些經典之理得真正清楚、明白、領悟，然後還得知道如何應用在現實中，才能稱之為韜略。玄學體系學好，才能真正做到運籌帷幄之中，決勝千里之外。

顯學體系都是針對人心、人性、人情而來，然後形成了人文，形成了人倫之道，這個體系就是帝王學的基礎。掌握這些顯學之後，再掌握奇門遁甲、山醫命相卜，才真正能夠在現實中應用，所謂國師都是掌握了這套完整的整體，所以我們必須學習。

有人尚未理解，說：「老師，我不想當國師啊。」好的，你不想當所謂的國師，而是做企業家。管理企業，如果你掌握了孝乃德之本，教之所由生，即是這一套體系你能夠領悟、掌握，你就能夠建設最好的、高境界的企業文化。而到底何謂企業文化？企業文化又有何用？如何制定企業文化？不能只知道企業文化好，清楚企業文化做得好的公司，管理就到位，就能夠長治久安，而且企業文化的根是什麼、本質是什麼，為什麼這麼制定，在企業內部要推廣什麼，都必須清清楚楚。

其實在此，孔子就是在告訴我們，無論個人、家庭、企業、國家，我們一切的教化、一切的文化都是從孝道中來，都要從孝開始。在家裏推廣孝的文化，在企業中延伸

出去，就是推廣忠的文化。比如兄弟之間講究順序，朋友之間講究信，這都屬於孝悌忠信仁的範疇。

古人講究五倫，所謂五倫中的倫是指什麼？就是指人與人之間的關係如何把握。而何謂五倫？五倫即是講五種關係，父子、君臣、夫婦、兄弟、朋友，這五種關係即為五倫。將這五種關係處理好，就是所謂倫理。倫理從何而來？倫理從綱常中來，綱常從道統中來，而孝即是道統。

由道統延伸出孝，由孝延伸出綱常，由綱常延伸出倫理，由倫理延伸出禮規，由禮規延伸出法治，這是一套完整的體系。這套體系理順、悟透了，人就平衡了、家庭就和睦了、家族就興旺了、企業就繁榮了，國家就長治久安了。

第五章

天下和睦之教化
凝聚中華引領世界之文化

第一節

道生一　孝即德　德生仁
三生萬物　一切教化由孝開始

前面一直在講解，「夫孝，德之本也，教之所由生也」，這句話的含義。而緊接著，「復坐，吾語汝。」即是孔子對曾子說：「你坐下吧，我再詳細的跟你解說。」所以這句話是綱，是《孝經》第一章開宗明義的總綱，太重要了。

孔聖人開篇即一再強調孝的重要性，「夫孝，德之本也」，「先王有至德要道」，都是在強調，最高的德，德之本，即是道。何為本？本生出德，所以德的本就是道。至高無上的道，無形、無相、無為，如何能找到道？道生一，一生二，二生三，三生萬物，由道生出一，就已經能夠見到、能夠摸到了，已經是有形的了。

所謂道生出的一就是孝，孝即是德；一生二，即德往下延伸就是仁，這樣一步一步往下延伸，當把《孝經》真正理解透，管理也就理解透了。此時，再進行企業管理，

看得深度就不一樣了；再管理家庭，考慮問題的角度也不一樣了。

《孝經》真的學明白，有所領悟了，就能清楚的知道，家庭為什麼不和睦，家族為什麼劇烈衝突，互相敵視，家不像家，族不像族；也能夠清楚，企業的問題出在哪裏，管理有何問題，應該怎麼解決。這些都明白了，然後不斷的序化，不斷的修，之後就能夠真正管理一個國家。

其實都是一個理，即所謂「其道一也」。所以《孝經》其實是孔子傳授我們，上古先王的至德要道，管理民眾的最高境界，即德治天下。告訴我們，德治天下要達到的目的是天下歸心，即以順天下，民用和睦，上下無怨，以及德治天下的具體方法。這就是《孝經》的作用和實際意義，所以《孝經》對我們的現實太重要，可以說是根本。

不要以為經典都是老舊腐朽、陳詞濫調，也不要以為經典都是知乎者也，只是嘴上強調仁義道德，讓你做好人。其實，真正的經典裏有大學問，而我們所有經典的基本原則，就是經邦濟世。經典真正領悟透了，在現實中就能輔

佐帝王，成為帝師、國師，即是能夠成為優秀的、高端的顧問、參謀。其實能達到的就是我們所謂滿腹經綸的境界，而滿腹經綸不是指能背誦多少經典，而是指真正能將經典理解透徹。

前面我們曾經問過大家，到底什麼是孝？我們現在說到孝字，首先想到的就是孝順父母，前文也說了這是狹義的孝。那麼，孝到底是什麼含義，為什麼如此重要？為什麼強調《孝經》是儒學十三經中第一部經典，意即是最重要的一部經典。首先是因為孔聖人把《孝經》的地位擺得最高，《孝經》開篇即講，孝乃德之本，教化之所由生也。

孔子說一切的教化都是由孝開始的，而孝與教化究竟有什麼關係，我們要一步步展開講解。首先，我們為什麼要教化眾生，教化眾生的意義是什麼？所謂教化眾生，就是把子民教育得都有素質、有文化、都識字嗎？這種使老百姓有文化、有素質的教育，僅僅是教化的其中一個目的而已。教化更重要的意義是要做到天下歸心，即以順天下，民用和睦，上下無怨，是要達到這個目的。透過教化，使

民風、民意開化，即對統治者來講，正確的教化、正確的引導方向，能使國家和諧穩定，這就是真正的意義、目的所在。

但是，現在的中國人對此不以為然，認為這是為統治階級利益的服務，認為國家更加穩定，只對統治階級、統治者有益。其實不然，國家真正穩定、不動亂了，上下無怨，民用和睦，都是對普通老百姓更為至關重要的。歷朝歷代的老百姓都不希望天下大亂、動盪不安、人心不古、禮崩樂壞，因為那樣就會天災人禍不斷，最後受災、遭殃的一定都是老百姓。所以，天下歸心，民用和睦，上下無怨，本來就是所謂統治階級與被統治階級共同的願望。

儒學體系就是在告訴我們，如何實現上下無怨、和睦順從。所謂順從到底是好還是不好？我們現在不強調順從了，而是強調反抗、強調推翻、強調暴力革命。而聖人的認知角度，古聖人強調的觀念和現在我們從小到大受到的教育，是不一樣的。為什麼不一樣？到底應該遵從古聖人，還是遵從現代教育？這個問題很尖銳，現在的當政者如果

不把這個問題梳理明白，國家基本上一定治理不好。

統治者的願望是要上下無怨，團結穩定，但那只是願望。要實現這個願望，到底有什麼方式、方法？這就需要聖人引導我們，才能真正實現統治與被統治階級上下無怨，實現國家和民族的長治久安、興盛發達、延綿不息，實現國民的穩定團結，這是我們國家治理上下都需要的。

現在，不論是中國社會，還是世界上各國家、民族，其實都存在這樣的問題，社會矛盾劇烈，人心動盪不安。而中華的祖先，比如夏、商、周時期，都是非常穩定的朝代，不僅時間長久，而且一直長治久安、繁衍生息，幾十代帝王穩定傳承，老百姓生活也很安定歡樂。

然而，後來到了東周末年，春秋戰國時期，逐漸人心不古、天下大亂、生靈塗炭。再後來，秦始皇實現豐功偉業，統一六國建立大秦，但是秦十五年而亡。之後的大漢又開始繁榮富強，長治久安接近四百年，漢末則又開始動亂，再至大唐重新又恢復強盛，如此一代一代傳下來，再經歷宋、明、清，直至現在。縱觀我們這個國家、民族的

發展歷史，尋找其規律，一個朝代用什麼樣的體制，如何引導眾生、教化眾生，才能維持幾百年的長治久安，這很不容易，在西方社會根本不敢想像。

中華的祖先從夏、商、周，到現在基本經歷了五千年左右，一直遵循著道統的規律，無形之中歷朝歷代都在遵循。後面我們發現了這一套規律，同時發現凡是遵循這套規律的朝代，就能長治久安，就能繁衍生息，就會穩定，也就可以做到以順天下、民用和睦、上下無怨；凡是違背這套規律的，用不了幾年就會天下大亂、人心不古、禮崩樂壞，朝代就得變更，歷史就會變遷，就得改朝換代。

而我們發現的這套規律，符合這套規律的，就稱之為循天之道。天道，其實就是我們說的道統，也就是說道統、規律是不變的。為什麼天亙古不變，天道亙古不變，因為天道即是道統。道統落入民間，落到現實世界中，就形成了綱常，綱常即是德，在綱常的基礎上就逐步形成我們的倫理標準，更進一步的落地，即是人應該按照什麼規範去操作。這就是道德的標準，所謂道德自在人心，即是指這

個標準自在人心，沒有用法律的形式固定下來，但是人人都遵守這個道德標準，即稱為倫理。

在此基礎之上，在大家共同認同的道德倫理標準之上，形成了現代社會的禮儀、規範，這就有了現實標準，這種標準就更加有形了。禮，就是等級、規範，大家互不僭越，各守其禮，不同階層守不同階層之禮，用禮統治國家，這也是千古不破的定律。統治國家，禮為政之先，不能任何事情都依靠政令，政令之前要先依禮，先有禮而後有規，最後才是法治，法治即是政令。法治、政令必須得有，但那已經是最有形、最落地的規範準則了。

從古至今，社會都是按照這個階段性規律發展的。到達禮規、法治階段，就成形了，大家就能見到法治階段的法律條文更加清晰、明確。但是，如果一個國家僅憑法治建國、治國、使國家運行。表面上短期會很見效，嚴刑厲法，明確規定老百姓什麼能做，什麼不能做，做了就是違法，就會判刑。如此可以短期見效，國家治理上很快犯罪率會有所下降，因為把人規定得非常嚴苛，法律就是像烈

火一樣，水火無情，觸碰到了馬上就懲罰你。

這也同樣是行為主義的一套做法，亦即是法家的這套方法，但是僅憑嚴格的法治、法律控制人民的行為，其實達不到長治久安的效果。雖然短期內可以見效，但是時間長了肯定不行。嚴格的法治，大家剛開始會怕，時間長了之後，就會想盡辦法去鑽法律的空隙，而法律條文的制定永遠趕不上人的智慧，逐漸就會有一大批人想盡辦法在鑽法治的空隙，防不勝防。

正如，為何秦十五年而亡？秦的法治是最嚴苛的，在秦統一六國之前，秦國的商鞅變法就是從嚴刑峻法開始，走的就是這條路線，從而使秦國短期內以最快的速度富國強兵，隨後統一六國。然而建立的統一的大秦王朝之後，為什麼十五年就滅亡，百姓就起來造反，為什麼造反？因為並不是上下無怨，而是階級矛盾特別的激化。之所以如此，其實就是嚴刑峻法壓抑的。任何一個朝代，只要是通過嚴刑峻法壓制人，違背人心、人性、人情的，早晚會出問題。

有同學提示說：「老師，現在不是都講究法治社會嗎，要法治，不要人治。現在國家不也一再強調法治嗎？如果我們中國有一天變成法治社會了，那該多好。大家都遵紀守法，都用法律的準繩來說話、來要求。」

在此要給大家講清楚，管理上的法家路線，只是快速富國強兵，這方面的確是可以迅速做到的。但是，如果想要長治久安，完全使用法治是不可以的，也是不可行的。歷史上，無論東西方，從政令、政體，一直到政治結構，有很多實例可以比較，治理國家不能僅是嚴刑峻法。此處要理解好我所講的是，沒有嚴刑峻法是不可以的，但僅僅只有嚴刑峻法更不可以。僅是嚴刑峻法，一個國家一定長久不了。

歷史已經告訴我們，要想國家能夠長治久安，就一定要知道順序，我們必須得知道道統是什麼，法治的基礎是什麼，法制的前提又是什麼。一定得從最後一步的法治往上推，向上推到禮規，禮規和法律相比較，禮規重於法律。而何為禮規的基礎，又繼續往上推，即是倫理，進而是道

德。

　　教化眾生，不僅僅是從法律上告訴大家，一定要遵紀守法，只是告訴大家什麼事不能做，做了就違法叛罪；只知道允許做什麼，不允許做什麼，這不是真正的教化眾生。一味的推廣法治、法律，根本不是所謂的教化眾生。眾生是要從心中去教化，然後用法律懲戒那些不符合道德、倫理、禮儀規範的人，但法律不是唯一的工具，這一定要清楚。這才是真正的儒學，才真正是學習儒學的原因。

　　有人不理解，「老師，我又不治理國家，那我就沒什麼需要學這些了吧？」治理企業也是一樣的道理。一直以來看我的書的讀者、學生，以及我的弟子，很多都是企業家，甚至很多都是非常成功的企業家。為什麼他們還願意跟我學習，為什麼還願意學習這套國學大智慧，學習儒家、儒學，或者法家的學問呢？就是因為我在講授國學智慧、儒學體系，以及法家學說的時候，是結合現實的。即是不論國家，我們先講現實中的企業，應該如何實現長治久安；如何做到部門之間、員工之間和睦相處，老闆和員工之間、

管理層和基層之間上下無怨，既不互相拆臺，又不互相埋怨；如何保障大家和諧共贏、團結一致的把企業的事業做好，這是每一個企業家、每一位老闆，最希望實現的。

而現在的企業管理中，首先想使人員穩定，流動性不那麼大，基本上都用所謂的高薪誠聘，即是老闆先說，我有誠意，我給你高薪，還給你企業的股份，想以此留住人才。其實這是長久不了的，僅用物質留人，自古以來我們就知道，一定長久不了。

我們現在學習儒學的《孝經》，就是要透過《孝經》中講授的，所謂孝，德之本也，教化所由生也，意即是孝是教化之源。因此，如何教化企業的員工穩定工作，而在企業中，大家齊心合力把公司的事業做好，就是所謂的德，即企業之德，而德之本即是孝。作為一名企業家，在企業內部推行什麼樣的文化，是很重要的。而真正應該推行的文化，就是中華文明之道統，有了道統，就有綱常，即是在企業文化的主體思想引導下，在道統的前提下，制定企業內部的綱常，即大家共同遵守的標準。

這種標準，對應於社會上的綱常，即所謂三綱五常。但這並不是強制的法令，也不是強制的規定，而是社會或企業行為背後有倫理、道德的標準，這是一種大家共同的認知。而後再制定禮規，此時就成形了，即是在現實中我們可以制定一些禮規條目，再往下繼續建設法治、法律條文，這就是所謂的企業規範。比如，遲到、早退的規定，發現幾次以後會懲罰，幾次以後會開除；而加班加點工作的，要獎勵。這就已經是企業內部的法規了，也就相當於社會的法律。

第二節

帝師皆大儒
文化立綱常　凝聚中華心

　　我們學習儒學體系，其實需要持續的學習，而不是看一本書，聽兩次課這樣碎片的學。否則不僅你學不到什麼，反而可能認為我是在編造胡說。因為，如果沒有延續性的，甚至是從頭開始持續學習，所看到的就是斷章取義，根本理解不了我所講授的是一套延續的、完整的體系。而透過逐漸的、潛移默化的學習，就能夠知道聖人留傳給我們的智慧，也就會知道聖人智慧，如何在企業內部應用。

　　聖人是為帝王講授智慧體系，是在告訴帝王如何讓他的國家長治久安、興旺發達，而後讓他的王朝能夠繁衍不斷、生生不息，十代、百代傳承不斷。因此，儒家的大儒基本都是歷代的帝師，為何能成為帝師？就是因為大儒們把這一整套管理上的帝王之學，管理中的人心、人性、人情琢磨得無比深透，才能成為帝師。

而帝王在大儒的指點下受益了，接受老師的指教而治國有方，之後就更加尊重老師的老師、帝師的師父，而最初的、最原始的師父是誰？就是孔子孔聖人，因此最原始的帝師就是孔子。我們中華近古，歷朝歷代的帝師基本都是大儒，很少有道士作帝師，高僧大德作帝師的也非常少。

　　因為，歷史上的帝師基本上都是儒學大師，所以帝王才不斷的加冕孔子，尊稱為聖人。幾乎歷代帝王都要加冕孔聖人，不斷的加封，就是因為在孔子的學生、儒學後輩處受益太多了。儒學保其國家、保其朝代長治久安的繁衍生息，所以帝王們心存感恩，代代加封孔子。

　　現在的孔子故里曲阜，無論是孔廟、孔林，還是孔家的宮殿，都是帝王規格。古代對禮極其在乎，而且非常講究，規矩、規格一點都不能錯。沒有帝王的加封或允許，自家布置的如帝王皇宮一般，那是滅九族的重罪。但是孔家一直以來的帝王規格，就是來自於歷代帝王對孔聖人的加封，亦即是因為帝王都因儒學、儒家而受益了。

　　一個國家歷朝歷代，都能夠在儒學體系的指導之下，

治理和傳承。而以國家治理難度之大，儒學尚可使其一個朝代傳承三、四百年之久，何況是企業的管理。把儒學體系應用在企業管理上，同樣可以實現企業的興旺發達、繁衍生息、代代相傳，這也是每一個企業、每一位老闆最希望的。現代社會中，中國有幾家百年企業？再看看日本，日本百年以上的企業，有三萬多家。現在的中國情何以堪！

有人解釋說：「老師，不是企業的問題。中國滿清後期開始兩、三百年被動挨打，朝代更迭、民國戰亂、外敵侵略，所以我們的企業堅持不了百年啊。」

如果這麼說，那日本就沒有朝代變更嗎？沒有經過二戰嗎？二戰以後的日本整個全毀了，為何他們的企業就沒斷呢？所以，我們講管理學、講帝王學、講儒學這套體系的時候，尤其在管理方面，真的經常會以日本為例。為什麼？因為日本在管理方面，其所謂的道統、綱常、倫理、禮規等等，還沿襲著中華漢唐的那套體系，主要是學習大唐，而且一直沒有改變。雖然經歷了明治維新，開始向西方學習，但是日本人聰明得很，他們學西方可學之處，學

西方精髓所在，而在這套道統、綱常、倫理的信仰方面，他們並沒有丟，而是在原有的基礎上，把西方的管理精髓也學過來。

所以，日本在企業管理上，是全世界數一數二，都是一流的。其實，真正從管理上講，全世界最推崇的，一是日本，另一個是德國。而日本的整體企業管理體系其實是超越於德國的，只是全世界在企業管理上都想向日本學習，但都學不明白。日本的企業管理，僅說其人員穩定，員工的流動性很低，而且企業的員工基本都是以企業為家，與企業共進退的例子太多了；同時企業內部十分團結和睦、基本不內耗。就像日本人在國外都是一致對外，日本人從不坑害日本人，而在企業內部更是這樣，意見再有分歧、矛盾再大，該提則提，該打就打，但是一旦老闆定了基調，決策下來了，立刻全體全力執行，一致對外。

這正是我們中國企業，目前面臨的最大問題。現在的中國人，在哪裏都是窩裏鬥。為什麼會這樣？從什麼時候開始，中國人變成這樣的？有人寫文章描述中國人的劣根

性，說中國人聰明，但是有劣根性。然而，真的是我們中國人的劣根性嗎？大錯特錯，根本不是那麼回事。中國人並不是自古以來就這樣，更不是天生就是這樣的，漢唐時期、大宋時期的中國人完全不是現在的樣子。而是現在我們的劣根性被充分的激發出來，只是我們中國人原來那套真正值得讚許的好傳統、好品質，現在所剩無幾了。

我之所以講《孝經》，就是要讓大家真正清楚，漢唐時候的中華到底是什麼樣子，為何能夠形成那樣的中華？為什麼那時的中華能屹立於世界的巔峰，能讓全世界的所有國家，當時所謂的四夷之外國人，都奔赴大唐朝拜，恭敬的學習？

日本的管理，有那麼多的優秀經驗，為何現在我們學不會，西方人也學不去？而這些管理經驗和智慧從何而來，又為何學不會？事實上，日本那些好東西全都是從我們中華學過去的。日本人本身沒有什麼自己的東西，但是日本善於向強大的國家和民族學習。學會以後就變成自己的，努力去應用發展，而且保持不變，這是日本人的一項長處

和優勢。可以說日本幾乎所有的好東西，都是自中華大唐時期學習所獲，但是學會之後從未改變。

而中華自大唐以後，從宋開始就改變了，而且是整個從根、從本質上開始改變，所以這是我們自己的問題。且不論其他，僅是冷兵器時代的武器，我們談起來都很可悲。中華冷兵器時代的武器是，刀槍劍戟斧鉞鉤叉等十八般兵刃，首先想到的就是劍，江湖俠客都是所謂仗劍走天涯，將軍上陣打仗都是寶劍一揮，劍指敵陣。那日本有什麼兵器呢？日本的主流兵器是彎刀，雙手可持的長把彎刀，一邊是刀刃，極為鋒利，一邊是刀背，背非常厚，是一種單刃刀。彎刀這種武器，在明朝時期倭寇犯我沿海之時，統一使用的都是這種日本彎刀，然而據記載，在戚繼光之前，倭寇雖然沒有多少人，但六十個倭寇能打敗幾千明軍，而且殺得片甲不留，其中原因之一也是彎刀這種武器十分之厲害。

為何日本只此一種武器，卻比中華十八般兵刃都要厲害，如此厲害的日本彎刀究竟從何而來？其實還是從我們

中華的漢唐而來的，漢唐時期所使用兵器就有漢刀和唐刀，傳入當時的日本，現在日本亦有很多考古和收藏的漢刀、唐刀，日本的彎刀即是從此改進而來。這種刀在冷兵器時代，雙手握刀一面利刃，一面厚背，用起來特別的便利、靈活，而且殺傷力極強。大秦之時，自秦始皇之定秦劍改進而成定秦刀。西漢時期與匈奴的戰役中，逐漸以長刀代替長劍作為戰刀。傳到大唐之時定型，所以中華強漢盛唐之武力鼎盛，與武器的先進也有直接的關係。

後來日本把唐刀打造也學去了，但是從沒變過，一直沿用到現在，只是在原來的基礎上不斷改良。所以明朝時的倭寇武器都是統一的，威力十分強大，一直沿用至二戰時期。結果，中華自己發明的兵器，在漢唐時期還展現著無比強大的武力，自己反而丟失殆盡了。中國人，在宋以後還有人用長刀、彎刀嗎？哪怕是行軍打仗時都幾乎沒有了。到了明清的時候就更沒有了，取而代之的是五花八門的冷兵器，什麼樣的都有。

其實，就跟我們的文化一樣，中華的文化、文明，這

套體系在漢唐的時候達到了頂峰狀態，直到現在，無論西方社會還是東方社會，都根本無法超越。但是宋末以後，自元開始，也就是 1279 年以後，我們的文化就像我們的冷兵器一樣，自己都失傳了，都丟了，不知道漢唐時的文化究竟是什麼了。

我們現在講的是什麼？《孝經》中華孝道文化，還有我們的中華教養學。而現在的中國人，知道大漢、大唐時如何培養精英嗎？知道漢唐精英教育到底是什麼嗎？知道漢唐時期的孩子，十八歲之前學的是什麼嗎？根本完全不知道。

有人問這套體系日本學去沒有？沒有。因為這套體系的精髓太深奧了，所以日本沒有完全學到，如果都讓他們學明白了，後果不堪設想。日本小小島國彈丸之地，侵我中華，卻把我泱泱大國欺負得不成樣子。二戰時期，日本軍隊在中國戰場，一直僅有區區兩百萬，但是卻屠殺了中華軍民三千五百萬之多。這是什麼概念，中國一百人打一個日本兵都打不過。中華到底怎麼啦？而現在中華比百年

前如何，恐怕志氣更不足矣！

有同學不服，「老師，您怎麼能這麼說呢，現在我中華兒女都有志氣！」希望如此。但我還是要一點一點的把其中道理，為大家講說清楚。大宋之時、大唐之時、大漢之時，中華是那樣的團結一心，一致對外，同仇敵愾，為什麼？然而，為何近三百多年來，自明以後一直被動挨打，屢屢被外族侵略，這都有根源的。我們一定得講清楚，中華怎麼了？現在的中華還是不是以前的中華了？

首先要從綜合的因素看待這個問題，而最關鍵的是我們骨子裏就出現了問題。何謂骨子裏的問題？就是文化大背景。整體的信仰體系、文化體系決定了我們的綱常、倫理、禮規。當文化、信仰方面，即道統出現了問題，綱常就沒有了；社會沒有綱常的時候，人的心中就沒有標準；人沒有標準的時候，做事就不知方向；全民沒有一個整體的標準時，國家社會即沒有道德標準。因此，社會沒有了綱常即沒有了整體的道德標準，而道德標準就是倫理，當沒有倫理道德標準的時候，一個國家和民族就很可怕、很

可悲。

同樣，一個企業如果沒有道統、綱常、倫理道德的標準，這個企業也長久不了，甚至也十分可怕，整個企業根本經受不住外界的誘惑，任何誘惑都可以讓這個企業分崩離析。

一個民族如果沒有綱常、沒有倫理道德的標準，整個民族即使人再多，都是一盤散沙。而我們現在中國人有倫理嗎？有道德標準嗎？有綱常嗎？我們說到這幾個詞，其實都不理解，甚至根本不知道是何意，卻人云亦云的排斥、謾罵。三綱五常，中國人現在堅決的丟棄，除了限制我們的自由平等，綱常還有什麼用，腐朽的封建壓迫，都是這麼認為；倫理道德，都是虛的、沒有實際價值的、沒有用的，倫理道德能當飯吃嗎？現在都會這樣去想。

關鍵在於是否真正明白，綱常與倫理道德到底有沒有用？禮和規到底有什麼用？聽到這種問題，可能感覺很顛覆，甚至會有洩氣的感受。但是如此鞭策現在的民眾，是有根據的，因為現在中國人還有什麼倫理道德，還有何標

準可言，根本不知道綱常為何物。此時如果外族再次侵略中華，我們是否清楚為什麼去戰鬥？

有人馬上回答：「老師，為國、為民、為全國百姓、為我中華！」先不要急著喊口號。先尋一尋、挖一挖根，現在所有的中國人都在訓練和強化什麼目標和方向？都是利益，都是物質，現在中國人都向錢看。近幾十年，我們中國人提的都是經濟目標，都是物質利益的目標，所以現在中國人的評價標準，無論手段如何，只要賺到大錢，就是王，就是偶像，全民向他學習。只要是首富、巨頭，四處演講，全民楷模。不管是賣假貨發家，還是走私傳銷，談什麼倫理，講什麼道德，全民向著物質，全民面向金錢。試想有一天，又有外族侵略，不用什麼高水平的招，只用一招，給錢，很難想像會有多少中國人飛奔而去！又會有多少中國人不為所動呢？

何謂道德標準，何為家，何為國啊？在金錢的面前還有國嗎？百年前抗戰時的中國人還有些有骨氣的中華志士。然而，當時就有多少漢奸啊，區區兩百萬日本侵略軍，

如何能屠殺中華三千五百萬軍民！不還是中國人自己害自己，不都是因為漢奸當道嗎！又經過這麼多年的經濟發展教育，中國人是不是更認物質利益啦？

有人不理解，甚至擔心我為什麼要講這些。因為如果中國再這樣下去，再不回醒，都不用說外族侵略，一次金融資本狙擊、一場經濟戰，每個人想的都是我自己可別受損失，我的個人財富可別縮水，得把我的財富轉移到安全的地方，中國很可能打不贏，那就轉移到國外去。所以，大批的富豪、大筆的資金，甚至技術性人才、精英人群，全都跑了國外。根本不用直接侵略本土，國人已經自己跑了，難道這不是中國的現狀嗎？為何現狀如此？中國人的骨氣何在？中華之志何在？中國人到底怎麼了？

在此要告訴大家的，就是我們中國現在失去道統、綱常，失去了倫理、禮規，然後我們現在就沒有真正的法治。如此我們還有什麼，我們的希望在哪裏？

有的同學馬上追問：「老師，您講這些的意義到底是什麼？我們到底應該怎麼做？中華究竟還有沒有希望？」

這就是我仰屋著書，要把這一套完整的中華文明、文化體系，重新系統的展現出來。中國人現在所缺的都在這裏面，我們得從中華的古聖人那裏，把曾經的精髓、精華，再尋找回來、塑造出來，要用這一套智慧體系替代現在的金錢價值觀，替代全民盯著物質的世界觀。

現在天天喊我們要成為經濟大國，全都想著錢；希望我們有核武器，除了金錢就是暴力。然而中國再有錢，財富儲備再多，世界經濟命脈、全球金融體系，還都是在別人手中掌握，有何可比性。如果時時處處都在強調金錢主義、利益至上，作為精英都以此為出發點，那一定都會奔向所謂的發達國家，為何還要留在中國？只有如此才是對我個人利益的最大化。所以，現在 80% 以上的中國精英，以及中華的財富，全都跑出去了。

現狀如此，是否與我們近幾十年來的教育有關係？中國人現在知道為什麼每天拼搏工作嗎？知道為了誰、為了什麼在奮鬥嗎？知道為什麼活著嗎？

我們說到國家和民族，真的覺得遙遠，覺得遙不可及

嗎？其實並不遠。實際上，我說的也對應著你的企業，對應你企業的員工到底為什麼在這裏工作？想一想，是不是只是為了錢、為了生存，還有其他原因嗎？在這種情況下，你的企業怎麼才能夠留住人才呢？難道就是得不斷的支付高薪，不斷的提高股份，才能留住人才？你還是避免不了其他企業的競爭，會付出更高的薪水、更高的股份，那樣人肯定就走了。所以現在中國企業的人員流動性非常大。

你的企業有企業文化嗎？如果有，那企業文化是什麼？為什麼你會定出這樣的企業文化？現在中國的企業文化千奇百怪，各種企業口號都稱之為文化。然而究竟什麼才能稱為文化？文化是人文、人倫的表現，文化呈現在形式上，就變成了一兩句口號，而本質上那就是綱常，就是倫理。真正的文化是建立在人心、人性、人情了達的基礎之上。

僅僅一個企業怎麼可能有自己孤立的文化呢？首先，民族有民族的文化，國家有國家的文化，然後企業才有企業的文化，家庭才有家庭的文化，個人才有個人的文化。

文化就是信仰，如果民族沒有信仰，國家沒有信仰，都沒有一個統一的標準，沒有大家共同認可的、共同嚮往的、共同為之努力的標準，即使你自己的企業建立出一個企業文化，也是連根都沒有的企業文化。而某個家族、單個家庭想有自己的文化，更加不可能。文化是自上而下流動的，而信仰是文化的基礎，文化自上而下形成了各種各樣的文化表現形式，所以首先一定得有民族統一的標準，這就是中華現在最缺的，這就是中華在夏商周、漢唐宋時期最強的、最令人羨慕的、最自信自豪的，全民統一的信仰、文明、文化。

然而，宋以後中華越來越衰微，為何衰微？信仰沒有了，文化沒有了，隨後綱常崩塌了，倫理磨滅了，禮規消失了，法治就形同虛設了。我們中華的問題出在根上，而不是在表面上。根上的問題必須從根上解決，在表面上再努力，也沒有意義，沒有用。

有人有點沮喪，「老師，聽您這麼一說，咱中華沒有希望了，根上的問題解決起來多慢，那得多少年以後我們

才能復興啊？得多少年以後我中華炎黃子孫才能凝聚到一起啊？」

不要忘記一點，中國人最聰明，最有智慧。一旦中國人擰成一股繩，團結一致，什麼西方、東方，全世界都在中國的引領之下。而同時我們又不是暴力民族，如果全世界我們是最高峰，我們也一定是引領世界、引領西方各國，一定不會用武力打壓、侵略任何其他國家民族。

有人又急不可耐了，「老師，什麼時候能變成這樣？」我認真的告訴大家，很快！為什麼能很快？因為只要找準方向，知道如何去做，上下一致開始做，迅速就能恢復我們以前那套體系。因為炎黃子孫的骨子裏都有，只是近千年來我們的文化被誤導了，導向了歧途；近百年來，我們的文化被徹底的泯滅與壓制，但是在每一個炎黃子孫的心中、基因裏、骨子裏，這套智慧體系仍然在，只需要點化、激活，就會迸發出來。因此，只要方向對，用不了幾年，中國人就一定能凝聚在一起。

中華要想復興，中國人真正想復興，團結一致，心向

一處，是最基本的條件。但是，若是現在這個狀態，談何復興？人人為錢，人人為己，嘴上天天喊著無私，喊著為勞苦大眾、為全世界人民，實際上都是為自己。口號喊得山響，實際誰去做呢？都是為了錢，都奔向錢去了。但是，這全都怪罪於中華、中國的人民嗎？其實不是，都要有個導向作用和力量，關鍵看導向哪個方向，話雖嚴厲，但是實質。

儒學經邦濟世之道
孝道治國帝王之學

　　我們之所以著書講授國學大智慧，其意義不僅是為大家講經說法、講經論典，之乎者也的教大家古文。既然開講就要講點真東西，實質的、實用的東西。儒學即是經邦濟世之學，即是帝王之學，古代英明的帝王無一不是從儒學開始傳承弘揚、實用落地的，絕無例外。

　　如果不傳承，必然難長久。成吉思汗如何，秦始皇又如何，都是雄才大略的一代天驕，但是他們僅可謂之打天下、創業成功的一時之霸主；但是守天下並不可取，秦十五年而亡；元不足百年，強大的黃金帝國，就從中華大地被趕回了漠北老家。

　　真正能領悟、掌握這套智慧體系亦即儒學體系，而且還懂得應用，就能夠長治久安，就能做到以順天下，民用和睦，上下無怨。那時候任何外敵都不可能有，不去主動

侵略就受人感激、敬仰了。

　　大漢時期，那麼強大的匈奴被我中華鐵騎打成何等模樣。西漢漢武帝時，把當時世界上最強大的匈奴軍事集團，打得四分五裂、四散奔逃。東漢時分裂成了南北匈奴，南匈奴直接被漢朝收編，北匈奴則被打得狼狽西逃，直接跑到歐洲，向歐洲逃跑的幾百年間，沿途把所到之處全滅了，征服了東羅馬帝國年年納貢，而且一直摧殘西羅馬的阿提拉被歐洲稱為「上帝之鞭」。最終西羅馬被匈奴打跑的日耳曼軍所滅，而東羅馬最終被我大唐驅逐的突厥人所滅。其實，相當於我中華大漢大唐的軍事力量，間接的把整個歐洲都滅掉了，那是多麼強大的力量。

　　那時的大漢，誰敢來侵，明犯我強漢者，雖遠必誅！那時的大唐，其他各個國家都得主動來納貢、學習。我們如何恢復漢唐的強盛，如何能有大漢之鐵血呢？其實我們並不強調那種鐵血，自然而然就在那裏，那就是整個民族的一種力量，炎黃子孫那種擰成一股繩的團結力量，絕不僅僅是暴力，不僅僅是軍事強大的鐵血武力，同時文明更

是達到了頂峰，這更加難能可貴。如何能夠具備呢？現在的中華子孫、中國人難道不應該好好研究我大漢的時候，到底如何形成的那種鐵血與文明，兩千多年過去了，我們還有沒有可能復興大漢的那套鐵血和文明。

我所研究的就是這套體系，所以我們講述的也是這套體系，而且我講的儒學，與其他教授、專家、大師講的儒學，完全不一樣。華麗的辭藻沒有用，天天告訴大家做好事，嘴上講仁義道德禮智信也沒有用，現實中能經邦濟世嗎？國家、民族遇到問題，企業遇到問題，個人遇到問題，用儒學的智慧怎麼解決？將儒學應用在現實中，那才能稱為經邦濟世之學。

我們不能都是義理考據派，本來中華所有的學問都是經邦濟世之學，而古人都是本著為了用、為更好的統治、為更好的管理、為了更加強大的宗旨，去做學問。但是自宋以後改變了，變成了義理考據，從文字上究，不管現實中如何用。變成只是關注文字必須得研究明白，考據這本書是假的，那個版本的書是真的，這部經典中這一句話如

何如何。把文化全都導向了那種所謂的虛無風，學者看似滔滔不絕、特別有學問，一到現實中任何事都解決不了，所以稱之為腐儒。但後來又把這種腐儒的帽子，直接扣到了整個儒家的頭上，認為中華的沒落就是儒學導致的。

儒學到底是什麼，現代人還瞭解、理解嗎？其實根本不知道，卻莫名其妙的謾罵。就說現在講的《孝經》，大家甚至都沒聽說過還有部《孝經》，那寫的是什麼更是根本不知道。儒學的六經六藝到底是什麼？六藝都沒有幾個人知道，那《詩經》、《尚書》、《禮記》、《春秋》中講些什麼，根本全都不知道，為什麼還要詆毀、污衊儒學呢？

中華大地一百年來，都不讀經典，不尊孔了。我們中華的智慧全都在經典之中，而儒學一整套智慧體系是經邦濟世之道，是帝王之學，何謂經邦濟世？即俗語所謂，「學成文武藝，貨與帝王家。」

有人質疑了，「老師，您這是什麼思想啊？貨賣帝王家？帝王代表什麼呀！」

其實，帝王就是代表政府。而政府難道不是帶領整個民族、整個國家，向前發展的機構嗎？那你學成了文武藝，學好了這些學問，要做什麼呢？只是要自己做老闆嗎？其實，首先就應該是為國家、民族的發展貢獻力量，就得貨與帝王家，真正文韜武略之人、中華的精英如果全都進入政府，到達高層制定國家、民族的發展計畫，那中華復興還有何難。學好文武智慧，能為誰服務呢？所謂為政府服務，並不是為某位帝王服務，不還是為全民服務嗎？

這就是為什麼學儒之人有一言，「學而優則仕」。就是指學得好的一批儒生，領悟得深透的這批人，要去輔佐帝王，也就是去當帝師或宰相。退而其次，這套智慧學好了，可不可以輔佐企業家？而企業又是什麼？不還是商業帝國啊。所以儒學即是謂經邦濟世之道。真正的學好我講授的儒學這套體系，無論管理水準、考慮問題的角度、深度，是否有昇華和飛越，能學習者自有感受。那時再到企業中做高階主管，或者創業做老闆，想出的處事主意，提出的發展建議，才真正能感受何謂符合企業的發展規律。

我們尚且只是開始學習儒學的《孝經》，也僅僅談及了六經六藝，後面我們還要學法家的學問，要學《韓非子》，要學《鬼谷子》，還要學《孫子兵法》，甚至學習《黃帝內經》、《易經》等等一系列智慧體系。而學了之後，你就會發現中華智慧在方方面面都可以實際應用，理都是同一個理，中華的智慧講究的就是整體性。

　　現在我正在講解的《孝經》這套體系為何如此重要？因為是在講，如何建立道統、何為道統、道統的重要性。因其是綱常的基礎，綱常又是倫理標準的基礎，倫理又是禮制、禮規的基礎，而禮制、禮規又是法治、法律的基礎。實際上，就是在講這一句話，夫孝，德之本也，教之所由生也。所有的倫理道德標準，教化子民、教育員工整個社會都要遵循的一個標準，就是孝。整個社會、整個民族都要從孝開始進行教化，離開了孝談教化，都是邪門外道。

　　掌握孝的真諦，學會運用，這就是個人管理、家庭管理、企業管理、國家治理的至德要道。管理學、帝王學中，這是最高的，以孝道治國。

有人現在可能尚未理解，說：「老師，您講的我怎麼感覺太虛了。」這就需要繼續往下看，我所講授的一定不是虛的概念、口號，也絕不會向大家勸善，一味勸說大家做好事、行善，那並不符合陰陽平衡的規律，我從未那樣講解過國學大智慧。任何事情都要兩面說，任何事情必須把本質講清楚。

　　現階段，你所理解的孝，與我所講解的孝，即孔子真正要傳達的孝，絕不是一個概念。不要一看是講孝，馬上反應：「啊，我明白什麼是孝。明天我就給父母多打電話，多給父母點錢，多回家看看父母，這就叫孝。」

　　這樣理解太狹隘了，那種孝僅可稱為小孝。而真正的孝是能夠達到國家、民族的高度的，亦能達到帝王學的高度。所以，我們是在講《孝經》，其實就是在講帝王學。真正理解了孝，才真正能夠理解帝王學的本質，才能真正懂得管理和統治的精髓，其中的至德要道才能真正知道。而後那一套完整成體系的規矩、規律，包括人與人之間的關係，及其設定原則和規律，都是從此延伸出去的。

《孝經》第一章的講解，用時肯定相對較多，基本上第一章我們講透，後文中所有觀點也就已經通透了，而後面章節列舉的都是論據、論點，講解的速度就會比較快。所以前面第一章的解讀一定要理解清楚、學習明白、有所領悟，後面才越來越好學。

　　在此為大家解讀《孝經》、孝道文化，就是為了透過真實的還原經典之意、深透的挖掘祖先聖人之智慧，廣結中華文明智慧之緣。本書是《孝經》解讀的第一冊，下冊將由真正的孝從何做起開始，繼續與大家更深入交流孝道文化、國學大智慧，有緣待續……

明公啟示錄：
帝王管理學與孝道文化 -- 范明公孝經開講 1

作　　　者／范明公
出 版 贊 助／林海蘭
主　　　編／張閔
美 術 編 輯／申朗創意
責 任 編 輯／林孝蓁
企畫選書人／賈俊國

總 編 輯／賈俊國
副 總 編 輯／蘇士尹
編　　　輯／高懿萩
行 銷 企 畫／張莉滎‧蕭羽猜‧黃欣

發 行 人／何飛鵬
法 律 顧 問／元禾法律事務所王子文律師
出　　　版／布克文化出版事業部
　　　　　　台北市中山區民生東路二段 141 號 8 樓
　　　　　　電話：(02)2500-7008　傳真：(02)2502-7676
　　　　　　Email：sbooker.service@cite.com.tw
發　　　行／英屬蓋曼群島商家庭傳媒股份有限公司城邦分公司
　　　　　　台北市中山區民生東路二段 141 號 2 樓
　　　　　　書蟲客服服務專線：(02)2500-7718；2500-7719
　　　　　　24 小時傳真專線：(02)2500-1990；2500-1991
　　　　　　劃撥帳號：19863813；戶名：書蟲股份有限公司
　　　　　　讀者服務信箱：service@readingclub.com.tw
香港發行所／城邦（香港）出版集團有限公司
　　　　　　香港灣仔駱克道 193 號東超商業中心 1 樓
　　　　　　電話：+852-2508-6231　　傳真：+852-2578-9337
　　　　　　Email：hkcite@biznetvigator.com
馬新發行所／城邦（馬新）出版集團 Cité (M) Sdn. Bhd.
　　　　　　41, Jalan Radin Anum, Bandar Baru Sri Petaling,
　　　　　　57000 Kuala Lumpur, Malaysia
　　　　　　電話：+603- 9057-8822　　傳真：+603- 9057-6622
　　　　　　Email：cite@cite.com.my
印　　　刷／韋懋實業有限公司
初　　　版／2021 年 05 月
定　　　價／300 元
I S B N／978-986-5568-83-2
E I S B N／978-986-5568-84-9

城邦讀書花園　布克文化
www.cite.com.tw　www.sbooker.com.tw